青春健康　助人自助

社会工作视野下大学生青春健康教育的理论与实践

刘芳　赵庆鸣　著

云南大学出版社
YUNNAN UNIVERSITY PRESS
·昆　明·

图书在版编目（CIP）数据

社会工作视野下大学生青春健康教育的理论与实践 / 刘芳，赵庆鸣著. -- 昆明 : 云南大学出版社，2019
ISBN 978-7-5482-3651-1

Ⅰ. ①社… Ⅱ. ①刘… ②赵… Ⅲ. ①大学生－青春期－健康教育－教学研究 Ⅳ. ①G479

中国版本图书馆CIP数据核字(2019)第093068号

策划编辑：张丽华
责任编辑：张丽华
封面设计：任 微

社会工作视野下大学生青春健康教育的理论与实践

刘芳 赵庆鸣 著

出版发行：云南大学出版社
印　　装：昆明理煋印务有限公司
开　　本：889mm × 1194mm 1/32
印　　张：9.5
字　　数：260千
版　　次：2019年7月第1版
印　　次：2019年7月第1次印刷
书　　号：ISBN 978-7-5482-3651-1
定　　价：40.00元

地　　址：昆明市一二一大街182号（云南大学东陆校区英华园内）
邮　　编：650091
发行电话：0871-65033244 65031071
网　　址：http://www.ynup.com
E-mail：market@ynup.com

前　言

一直以来，大学生在两性交往、青春期健康保健以及性病艾滋病防治知识等方面存在诸多需求，加之近年来高校成为艾滋病感染的新阵地，探索有效的青春健康教育模式成为回应这一知识需求和解决问题的重要路径。

2015—2018 年期间，曲靖师范学院法律与公共管理学院连续四年中标中国计生协高校青春健康项目，致力于青少年性与生殖健康、青春健康研究和教育的实践与探索，尤其注重从社会工作专业角度，开展专业化的高校学生青春健康服务。学院采用同伴教育、小组工作、社区工作等工作方法，开展了多样化、立体化、常规化的青春健康服务，探索出社会工作视域下“四位一体”的高校学生青春健康教育模式，其中“四位”指学校传统教育、社会工作专业教育、同伴教育和社会实践教育，“一体”指的是高校学生青春健康教育。四年来，项目直接受益人数为六万人次，项目经验日臻成熟。曲靖师范学院作为首批“中国计生协青春健康教育示范基地”，一直发挥基地的作用与功能。在依托基地建设，探索实务经验的同时，项目组团队致力于高校学生青春健康教育的理论研究。本书是基于曲靖师范学院高校学生青春健康项目多年实践基础上的经验总结和理论探索，是一本具有实际指导意义的大学生性健康教育实务手册，可以作为大学生性与生殖健康、艾滋病防治教育的培训教材，也是一本系统运用社会工作专业方法干预大学生性与生殖健康、艾滋病防治教育的书。

本书共分为三部分，第一部分是现状及理论篇，主要介绍大学生性与生殖健康教育的现状、理论基础及其价值与意义，对相关理论概念进行了全面的阐释；第二部分是培训设计篇，主要为大学生性健康以及艾滋病防治教育提供参与式培训策略与指导，基于社会工作的理论与方法，分主题进行了具体实务设计，并辅以相关案例，为广大学生青春健康、性健康以及艾滋病防治教育者提供参考；第三部分是研究篇，对近年来曲靖师范学院大学生性与生殖健康、艾滋病防治教育相关实践进行了研究，以促进理论与实务的整合。

本书的出版，得到了中央财政支持地方高校建设专项项目“西南边疆少数民族地区社会治理研究创新团队”、曲靖师范学院教学成果奖培育项目“科研 + 教学 + 人才培养三轴驱动下高校青春健康教育模式探究”、全国高等教育教学改革研究课题“健康中国战略背景下高校青春健康教育体系的构建研究（重点课题）2018HER01017”的支持。

尽管本书的很多观点和方法还很不成熟，笔者对本书也很不满意，但是我们依然鼓起勇气将其出版，是希望能和更多有经验和有专业技术能力的专家和学者进行交流和对话，也希望能为正在服务于青少年青春健康的各位同仁提供必要的经验支持，我们将在未来的大学生青春健康服务中继续推进，加强技术经验总结和理论提升。同时我们也欢迎各位同仁和专家、读者对本书给予批评指正，在此，笔者向您表示衷心感谢！

目　录

上篇　现状及理论篇

中篇 培训设计篇

下篇 研究篇

上篇　现状及理论篇

内容纵览：本篇分为两个单元，第一单元重点探讨我国高校大学生性与生殖健康教育的现状与策略，主要采用文献研究法，综合国内外文献分别对高校大学生性与生殖健康教育发展现状、高校大学生性与生殖健康知识现状及相应需求、我国高校大学生性与生殖健康教育的策略等进行了概述与讨论。

第二单元，主要对涉及大学生青春健康教育的几个核心概念进行了阐释，包括对健康与疾病、青春期与青春健康、艾滋病与艾滋病防治教育、性与生殖健康教育、同伴教育、参与式培训、社会工作、志愿者与志愿服务、生命教育等核心知识、概念或理论进行了解释。

本篇旨在为读者交代撰写本书的背景、目的与意义，并向读者提供大学生青春健康教育的理论框架与视野。

第一单元　我国高校大学生性与生殖健康教育的现状与策略

近年来，性与生殖健康教育问题已引起人们的广泛关注。不少国家已将性与生殖健康教育列为高校教育的必修课程，且收到了良好的社会效果。在我国，不少高校的性与生殖健康教育仍然是空白。针对北京、上海、成都几所重点大学的一项数据调查表明：30.41%的大学生赞同建立在感情基础上的婚前性行为，69.59%的大学生对避孕的相关知识并不了解或者了解得很少，83.55%的大学生对现实的性教育很不满。由此可见，青年学生对性知识、性道德的认知，不光是他们自己的事情，也是家庭、社会都应该关注的问题。在高校大学生中开展性与生殖健康教育，不仅可以使大学生自身健康成长，还有利于大学生消除性愚昧，树立正确的性道德观，也有利于今后建立良好的家庭关系。

一、我国高校大学生性与生殖健康教育的现状

（一）高校大学生性与生殖健康教育发展现状

1982年，由芬兰、挪威和英国的研究者发起的青少年健康行为调查（以下简称HBSC），是一项基于全球范围内多个国家统一使用的国际标准化问卷调查，并在此基础上开展青少年健康现状及流行趋势的研究，目的是为参与国政府制定促进青少年健康成长的规划和政策提供科学依据，完成了1985—1986年第一轮国际调查研究并取得比较明显效果以后，它即被世界卫生组织（WHO）采纳为一项合作性研究。现在HBSC研究已经在美国、加拿大、欧盟国家等实施，并成功地成为采集、存储

和分析青少年健康数据的枢纽。每隔四年所有的参与国都有责任向 WHO 提交一份包含跨国家和地区的比较和倾向分析报告。HBSC 的调查工具是参与国家所使用的一份标准化国际通用的调查问卷。它涵盖家庭、学校和同龄人之间关系和影响，社会经济背景等方面的心理变量/特征也包含在调查之中。

1994 年 WHO 提出生殖健康新概念。生殖健康是指在体格、精神和社会生活方面完整健康的状况下完成生殖过程的状态，而不仅仅是在生殖过程中没有疾病或体弱。因此，生殖健康表示人们能够有安全并且满意的性生活，有生育后代的能力，可以自由地决定是否生育、何时生育和生育多少等等，是指在生命发展阶段能保持生殖系统功能完好，在完好的生理、心理条件下和良好的社会适应状态下得以完成生殖过程。

国外青春健康教育或青春期性健康教育起步早，历史漫长，实践与理论成果丰硕。主要表现在：①青春期性教育内容不断丰富与完善。瑞典作为世界首个推行青春期健康教育的国家，其性健康教育的特点可用三个词来概括：避孕教育、从幼儿期开始的性教育、积极的性教育。美国的青春期健康教育经历了从无指导的性教育或综合性性教育（以避孕和预防艾滋病知识为重点的教育）到指导性的性教育（主张对青少年进行性纯洁教育）到禁欲教育以及性伦理教育的转变与争论。日本青春期性教育经历了纯洁教育—性科学教育—性指导教育的转变，尤其重视性教育中的性约束与性道德。②注重青春期性教育的理论研究。如澳洲的 Short 教授率先提出“同伴教育理论”，随后大量学者对同伴教育应用于大学生艾滋病预防、提高性知识知晓率、延迟首次性行为等方面的效果进行了研究。Cohen 提出“亚文化理论”，该理论认为一些健康促进的项目通过其独特的人际关系网以及特定的信息途径在某些独特的集体文化圈内得以开展，例如在青少年群体中间开展艾滋病预防项目。① Tones 和 Tilford 将“创新沟通理论”引入健康促进领域，认为团体创新的关键力量是团体中思维观念的主导者，团体的创新需要通过主导者与团体一般成员的交流从而更好地实现。③青春健康教育的目标经历了从预防取向到发展取向的转变。国外两种最常见的青春期性教育的取向，一是“性教育”（Abstinence Only Sexuality Education，简写为 AOE），包括“禁欲 +”以及“单纯禁欲”，一般指行为改变方法，通常倾向于包含解剖学、性行为、禁欲、生殖功能以及疾病和妊娠预防等内容。二是“全面性教育”（Comprehensive Sex Education），它以更广阔、整体性以及积极的性健康观点为指导，除了疾病和妊娠的预防，倾向于包含一系列议题，如成长与发展、性别规范、性取向和认同、爱、吸引力、快乐、养育、权利和责任，以及沟通等（Goldfarb & Constantine，2011）。而后者正在更多地被运用于各类青少年健康促进项目中。

国内最早关注近代性教育问题的代表性学者陈永生先生于 1993 年发表在《中华医史杂志》的文章《清末民初我国学校性教育述略》，是国内关于性教育研究的开山之作。1983 年吴阶平曾在其主编的著作《性医学》中，首次在国内较为系统地阐述和传播性与生殖健康知识。

《中国性科学百科全书》中的性健康教育的定义指通过有组织、有计划、有目标的系统教育活动，进行关于性知识和性道德的教育，使受教育者具有科学的性知识、正确的性观念、高尚的性道德和健康的性行为。从该定义可以看出，性健康教育包括了性生理、性心理、性道德、性病防治等方面的内容，所以生殖健康教育是性健康教育的一部分。

联合国教科文组织（UNESCO）在《国际性教育技术指导

① Cohen，A. K. Delinquent Boys：the Culture of the Gang［M］. New York：Free Press，1955.

意见》中指出，全面的青少年性教育主题应该包括：性价值观、态度和技能，人际关系，人体生长发育，性行为，性与生殖健康，文化、社会与权利共六个方面。国内学者结合中国的实际情况认为大学生的性与生殖健康教育的内容主要包括了以下方面：以预防性病、艾滋病病毒感染、避孕节育为主的性生理、性健康知识，以人际交往、恋爱观、择偶观等方面为主的性心理、性价值观教育及性道德教育。

2010年，联合国人口基金、国务院妇女儿童工作委员会办公室与北京大学人口研究所合作开展了中国青少年生殖健康调查，调查报告显示：在我国未婚青少年中，约有六成的青少年对婚前性行为持比较宽容的态度；22.4%的青少年曾经有性行为，其中超过半数者曾在首次性行为时没有使用任何避孕方法。另外，仅有14.4%的未婚青少年掌握了正确的艾滋病预防知识，只有4.4%的未婚青少年具有正确的生殖健康知识。该调查报告反映出一个很令人担忧的事实：在高校学生性观念开放、性行为增多的同时，他们需要掌握的性与生殖健康知识却远远不够。调查报告充分说明了当前我国大学生的性与生殖健康教育的缺失，这必须引起各高校相关管理部门的注意和警醒。

近年来，青少年的性与生殖健康也引起了国家计生协会的充分重视。中国计生协会将青少年的性与生殖健康教育工作作为重点工作目标之一。《中国计划生育协会2011—2015年发展战略》提出：以未婚青少年为目标人群，了解他们的需求，向他们提供基于性别、尊重权利、消除歧视、社会公平的全面综合性的性与生殖健康信息和教育，使他们了解和掌握生殖健康、妇幼保健、避孕节育以及性病和艾滋病预防方法等方面的知识和技能，树立负责任的人生态度和价值观，减少性病和艾滋病病毒感染、未婚先孕以及人工流产，避免性骚扰和性暴力。通过对在校大学生设计并提供适宜有效的性与生殖健康教育和服务，可以提高青年大学生性与生殖健康认知水平，满足青年大学生在性与生殖健康方面的需求，帮助其树立负责任的生活态度，引导其树立合理的性价值观。

（二）高校大学生性与生殖健康知识现状及相应需求

当代大学生虽然在身体素质方面发育比较快，但是在心理和认知方面还存在很多空缺。高校学生对青春期发育、怀孕、避孕以及性病传播等其他生殖健康知识有一定程度的了解，但是他们所掌握的知识不具备系统性，有的是不全面的甚至是错误的。不同年龄与性别特征的学生对性健康知识的认识深度和广度差异比较大。国内多次关于流行疾病的调查结果显示，青少年的生殖健康现状十分令人担忧，高校学生普遍存在生殖健康知识严重匮乏的问题，性传播疾病、生殖道感染发病人数呈上升趋势。①

王敏等对武汉市本科在校大学生的调查发现，只有 1.3% 的学生能够正确认识口服避孕药的不良反应，只有 1.8% 的学生明确了解紧急避孕药的使用方法，能够正确回答女性最容易妊娠时间的只有一半左右，有 71.1% 的学生明确知道艾滋病的传播途径。② 尹平等对南京市 10942 名在校大学生的调查发现，只有 3.23% 的学生了解紧急避孕药的使用方法，12.34% 的被调查者了解口服避孕药的不良反应，77% 的学生不太了解甚至一点都不了解避孕知识，87.95% 的学生表示有必要了解避孕节育知识，91.93% 的大学生表示有必要在大学里开展性生理、性心理、避孕知识、性伦理道德、性传播疾病、紧急避孕和人工流产等相关避孕节育与生殖健康知识的教育，而且有 64% 的学生认为这些知识教育适合在大一进校开展。③ 朱云霞对 930 名文科专业的学生进行调查后发现，接受过性知识、艾滋病知识、性病知识和避孕节育知识教育的比例分别为 56.88%、50.43%、

---

① 陆卫群，朱江，严易平．在校大学生婚前性行为及避孕行为研究［J］．生殖与避孕，2006，26（7）：426—431.

② 王敏，聂绍发，等．武汉地区高校本科生生殖健康知识、态度、表现行为现况调查［J］．中国计划生育学杂志，2009，17（2）：83—86.

③ 尹平，李明川，等．高校学生避孕节育知识、服务利用及需求的调查研究［J］．中国社会医学杂志，2008，25（6）：375—377.

21.94%和18.06%。25.27%的学生对避孕知识完全不了解，96%的学生认为性教育课非常有必要，36%的学生表示非常愿意选修性教育课。[①] 从上述众多学者的调查分析结果可以看出，当前我国大学生的性健康知识比较匮乏，对性教育需求比较大。

二、我国高校大学生性与生殖健康教育的策略

性教育作为一个领域和学科到20世纪才出现。纵观世界各国（地区）的性教育，起步比较早，做得比较成熟的主要有瑞典、美国、日本、英国等国家。瑞典是世界上最早对青少年进行性教育的国家，1955年全国就将性教育规定为必修课，每个年级都有性教育内容的课，其内容多为性生理知识，也有性道德、性价值观等方面；20世纪下半叶，美国修订了学校性教育大纲，内容主要包括六个方面：①人类发育：包括生殖、青春期发育等；②人际关系：包括家庭、爱、友谊等；③个人技能：包括价值观、交流、做决定等；④性行为：包括性幻想、手淫、性行为等；⑤性卫生：包括避孕、人工流产、艾滋病和性传播疾病等；⑥社会和文化：包括性和社会、性和法律、性角色等。20世纪80年代以来，日本的性教育内容在传授性科学知识的基础上，把性道德教育、性伦理教育放在重要位置上，树立男女平等的正确异性观念，追求男女两性之间的自由与平等。

由于历史和文化的原因，性教育在我国一直未受到应有的重视。20世纪70年代后期才打破性教育的禁区，1988年中国人民大学开始开办性科学讲习班，把性教育引入校园；1989年华南师范大学把"性科学及性教育"列入教学计划，作为选修课。1993年初国家教委制定了"大学生健康教育基本要求"，提出有条件的学校可以试点开设必修课。1996年我国第一个性健康辅修专业在首都师范大学诞生。2004年山东大学开设全校

① 朱云霞．重庆师范大学学生生殖健康KAP调查［J］．中国学校卫生，2006，27（5）：423—433.

任选课“大学生性健康修养”，成为我国第一所开设大学生性健康教育课程的高校。

在学术界，大部分学者表现出对高校青春健康教育现状的忧虑，认为高校性与生殖健康教育面临诸多困境：观念更新慢、教育目标不明、教育师资严重不足、教育体系匮乏、教育方法与途径比较单一、理论脱离实际、受教育面窄，无法满足学生需求（周红玲，2007；邓腊梅，2017；林小明，2015；王欢、张军生，2016），故提出搭建行业—高校联动的管理平台，加强师资库建设，完善教材编制（邓腊梅，2017）；加强课程体系建设，发挥同伴教育的力量（林小明，2015）；编写反面教材，促进大学生自学自助（阮鹏等，2015）；[①] 构建“家校社”的立体式性教育体系（刘华锦、叶正茂，2013）[②] 等措施，完善高校性健康教育。

对于大学生性与生殖健康教育的内容，学界共识与争议并存。①三维度论。国内关于性健康教育内容的研究，认为至少包含生物意义上的性健康教育、心理意义上的性健康教育、社会意义上的性健康教育三个层面（徐天，2017）。[③] 青春期性健康教育的内容应该包含三个维度，性生理教育、性心理教育和性道德教育（吕敏，2008）。杨川林等专家提出，在校大学生性与生殖健康教育内容应包括在校大学生的性法律意识教育、性知识教育和性道德教育三个方面（杨川林等，2006）。②四维度论。有学者认为青春性健康教育的内容包括性生理教育、性心理教育、性伦理道德教育以及性法律知识教育（周红玲，2007）。刘红芬等专家认为大学生的性健康教育应从性生理和性心理方面展开，并重点围绕性道德和性价值观教育进行（刘红芬，2013）。③五维度论。有学者认为青春期性健康教育内容应

---

① 阮鹏，伍兴阶，朱德超．以失德性事件为反面教材的大学生性教育策略研究［J］．中国性科学，2015，24（01）：104—107.

② 刘华锦，叶正茂．大学生性教育状况的调查与分析［J］．内蒙古师范大学学报（教育科学版），2013，26（05）：80—83.

③ 徐天．高校青春健康教育研究［D］．山东师范大学，2017.

该包括性生理、性心理、性的社会性、性的道德和法律保护的教育（王进鑫等，2004）。也有学者指出，高校性健康教育的内容应侧重性生理、性心理、性道德、性法律、性保健方面的知识，重视严谨的科学性和内容的系统性，将性生理、性心理和性道德有机地结合起来（谭蓓蓓，2008）。有学者认为，广义的青春性健康教育的内容包括：青春期生理教育、青春期心理保健教育、青春期道德教育、青春期法律教育以及预防性病教育（邓腊梅，2017）。白一男等专家指出，我国在校大学生的青春期性健康教育内容具体包括人生观和价值观的教育，性生理与性心理知识的教育，性道德和性法律意识的教育，性病预防与治疗的教育等（白一男等，2008）。更有学者认为，青春期性健康教育是指传播关于性生理、性心理、性的社会文化内涵及维护性健康、预防性疾病等方面的知识，关于爱情、择偶、婚前准备与婚姻调试以及家庭生活等全面而系统的人生科学知识（周红玲，2007）。④多维度论。沈明泓等专家则指出，青春期性健康教育应当关注青少年生理、心理以及精神，构建以性法律和性道德教育为核心，以性生理知识学习为基础，以性历史、性观念、性文化和性审美为教育的主线，以性心理调试教育为重点，注重大学生人格塑造的“知识、道德、法制”教育内容体系（沈明泓，2011）。

与此同时，学界对大学生性与生殖健康教育模式进行了不断探索与积累。

有学者建构了当代大学生性道德教育模式：价值引导模式、价值体验模式、感悟建构模式和模式整合（曹红梅，2015）。①

有学者认为，高校的青春健康教育应以学生兴趣和需求为向导，建立系统化、立体化的教育模式（邓腊梅，2017）。

有学者指出，构建高校、家庭和社会多位一体的大学生性

① 曹红梅．引导与建构：当代大学生性道德教育研究［M］．成都：电子科技大学出版社，2015.

教育模式，使这三方全方位、多层次的全面配合，共同致力于大学生性教育提升（鲁法菊，2009）。①

有学者提出“双网联动”的青春健康教育模式。即利用同伴间人际网络的趋众倾向和互联网“微文化”的即时多向传播，通过“人际网＋互联网”覆盖青年，以“同伴教育＋新媒体教学”引导青年，实现线上线下协同教育、资源共享和信息传播，帮助青年学生实现知识、态度、技能和行为综合提升的教育目标（徐天，2017）。

有学者归纳出本校高校青春健康教育模式——“四位一体高校青春健康教育”，即融学校传统教育、社会工作专业教育、同伴教育、社会实践教育于一体，合力推进高校青春健康教育的模式（刘芳，2018）。

有学者提出“赋权型青春健康教育”模式，在道德观、禁欲、性教育内容、性教育方法等议题上做出了全新的解释，主张赋权于青少年，使其具有负责任的意识和能力，为高校青春健康教育工作提供了新思路、新方法（方刚，2013）。②

有学者基于社会工作视角，以“青春健康同伴行”项目为切入点，探究高校大学生青春健康教育的机制，试图在社会工作专业视角下构建个人、家庭、学校、社区共同体的高校青春健康教育机制（陈朝阳、周小燕，2009）。

有学者强烈推荐同伴教育模式在高校青春期性健康教育中的优势，认为同伴教育活动可有效地向大学生宣传性安全教育知识，提高大学生对避孕相关知识的知晓率，树立正确性观念（左雅婷等，2017；金银秀、金锋，2016）。③ 亦有学者指出，

---

① 鲁法菊．关于构建多位一体大学生性教育模式的思考［J］．成功（教育），2009（11）：207—209.

② 方刚．赋权型性教育：一种高校性教育的新模式［J］．中国青年研究，2013（10）：92—95.

③ 左雅婷，姚倩云，王晓乐，陈焱，石玮．同伴教育在大学生性安全教育宣传中的作用［J］．湘南学院学报（医学版），2017，19（04）：72—75.

虽然同伴教育是开展大学生性教育行之有效的方式，但教育内容和效果主要取决于对同伴教育引导员的培养和干预持续时间（连大帅等，2016）。[①] 此外，同伴教育也暴露出若干缺陷：一是同伴传递知识准确性无保障；二是活动的效果与活动目的偏离；三是活动受众面较小（金银秀、金锋，2016）。

有学者从社会工作专业角度，采用实践研究，指出小组工作方法提升了大学生的性与生殖方面的认知水平，促进了大学生对健康、积极的性价值观念的思考，帮助他们掌握了一些生活技能，运用小组工作方法进行大学生的性与生殖健康教育是有效的、可行的（夏菲凡，2016）。[②]

有学者讨论如何将综合性性教育应用于大学生性健康教育，认为综合性性教育能有效提升参与者对性生理和性心理知识的了解程度，提升其异性交往的技能；在对待婚前性行为的态度上，部分参与者的态度变得多元化，部分参与者仍坚持婚前守贞。综合性性教育重视大学生的性权利和赋权的优点，能得到大学生的认同，但该模式在推广中需要和其他性健康教育模式并存，并需要一个包容的社会和校园环境的配合（高万红、刘碧雯，2017）。[③]

目前，大学生性与生殖健康方面的问题和需求日益显现，国内大量的相关调查研究数据表明，大学生渴望了解性与生殖健康知识，摆脱性与生殖健康问题的困扰，以增加自我保护的意识和能力。国内大学生性健康教育存在诸多局限，进一步探究适合大学生性与生殖健康教育的方法与模式，是回应大学生性与生殖健康问题的重要举措。

---

① 连大帅，洪翔，李珊，夏煜桐，张天一，王蓓．同伴教育模式在大学生性教育中的应用效果评价［J］．中国学校卫生，2016，37（05）：760—763.

② 夏菲凡．小组工作介入大学生性与生殖健康教育研究［D］．井冈山大学，2016.

③ 高万红，刘碧雯．综合性性教育在大学生性健康教育中的行动研究［J］．中国青年社会科学，2017，36（06）：85—90.

第二单元　青春健康教育基本概念与理论

一、健　康

（一）健康的含义

在医学模式中，健康被定义为没有疾病，或没有生理机能失调。其中的健康理念是：人体器官发育良好，功能正常，体质健壮，精力充沛，有良好的劳动效能，即传统的健康观——无病就是健康。[①] 1948 年联合国世界卫生组织制定的《保健大宪章》指出：健康不仅是没有疾病和虚弱，而且是保持身体上、精神上和社会适应能力的完整状态（Health is a state of complete physical，mental and social well-being and not merely the absence of disease or infirmity.）（WHO，1948）。1978 年国际初级卫生保健大会通过的《阿拉木图宣言》中又重申了健康的含义，指出："健康不仅仅是没病和痛苦，而且包括在身体上、心理和社会各方面的完好状态。"1982 年联合国世界卫生组织对健康的定义作了补充，加进了"道德健康"，形成了人的生理、心理、道德和人与社会、人与环境相适应的整体观念。

因此，现代人的健康内容包括：躯体健康、心理健康、心灵健康、社会健康、智力健康、道德健康、环境健康等多个方面的良好状态。世界卫生组织关于健康的这一定义，把人的健

① 刘芳，高万红，杨月明，莫佳妮．社会工作促进流动妇女健康与发展的实践研究［J］．社会工作（学术）．2011，（10）：33—36.

康从生物学的意义，扩展到了精神和社会关系（社会相互影响的质量）两个方面的健康状态，把人的身心、家庭和社会生活的健康状态均包括在内。那么到底怎么衡量一个人是否健康呢？

全世界公认的健康标准大致包括13个方面：生气勃勃，富有进取心；性格开朗，充满活力；正常身高与体重；保持正常的体温、脉搏和呼吸（体温为37℃，脉搏为72次/min，呼吸：婴儿为45次/min、6岁为25次/min、15—25岁为18次/min，随着年龄增加相关指标会稍微增加）；食欲旺盛；明亮的眼睛和粉红的眼膜；不易得病，对流行病有足够的耐受力；正常的大小便；淡红色舌头，无厚的舌苔；健康的牙龈和口腔黏膜；光滑的皮肤柔韧而富有弹性，肤色健康；光滑带光泽的头发；指甲坚固而带微红色。

（二）疾病的含义

关于疾病的概念，《简明不列颠百科全书》1987年中文版的定义是“疾病，是已产生症状或体征的异常生理或心理状态”，是“人体在致病因素的影响下，器官组织的形态、功能偏离正常标准的状态”。生物个体在一定病因作用下，自身调节紊乱而发生的异常生命活动过程，并引发一系列代谢、功能、结构的变化，表现为症状、体征和行为的异常，整体的机能、代谢、结构发生改变，生产性能和经济价值降低。

如“健康”一样，从不同角度考查可以给出不同的疾病定义。最常应用的定义是“人体正常形态与功能的偏离”。现代医学对人体的各种生物参数（包括智能）都进行了测量，其数值大体上服从统计学中的常态分布规律，即可以计算出一个均值和95%健康个体的所在范围。习惯上称这个范围为“正常”，超出这个范围，过高或过低，便是“不正常”，疾病便属于不正常的范围。在许多情况下，这一定义是适用的，如伤寒可以表现为一定时间内体温和血中“伤寒血凝素”（抗体）的增高。但是，正常人的个体差异和生物变异很大，有时这一定义就不适用。如正常人心脏的大小有一定范围，许多疾病可以造成心脏扩大，但对于运动员来说，超过正常大小的心脏伴有心动过缓（慢至每分钟 40 次左右）并非病态，这种偏离正常值属于个体差异。在精神方面，智商大大超过同龄人的是天才，而不是病人。也有人从功能或适应能力来定义疾病，认为功能受损与环境的协调能力遭到破坏才是疾病的表现，这样可以避免把正常人的个体差异和生物变异误划为疾病。缺氧时才出现症状的镰状细胞性贫血，就表现为适应能力的缺陷。对许多精神病人，特别需要考察其与环境的协调能力。但是适应功能的不良并不一定是疾病，如一个长期缺乏体力活动的脑力工作者不能适应常人能够胜任的体力活动，稍有劳累就腰酸背痛，这不一定是有病。因此有人建议在“健康”与“疾病”之间增加一个“亚健康状态”。

（三）亚健康

世界卫生组织认为：亚健康状态是健康与疾病之间的临界状态，各种仪器及检验结果为阴性，但人体有各种各样的不适感觉。这是新的医学理论、新概念，也是社会发展、科学与人类生活水平提高的产物，它与现代社会人们的不健康生活方式及所承受的社会压力不断增大有直接关系。

亚健康状态一般是指人体虽没有器质性病变的指标，但却呈现出免疫力下降，生理功能低下，活力降低，适应能力不同程度减退的一种生理心理状态。在这种状态下，人们感觉躯体不适，心里不快，有社交障碍。亚健康状态包括无临床症状或症状感觉轻微、但已有潜在的病理信息。按当下的说法，就是一个人“不在状态”。关于亚健康的表现，个人的状况各不相同。有的人表现在身体方面，主要症状有失眠、头昏、乏力、困倦、疲劳、心悸等等；有的人表现在心理方面，主要症状有情绪低落、精神萎靡、记忆力减退、焦虑烦躁、神经质等等；有的人表现在情感方面，主要症状有冷漠、无望、无助、孤独、空虚、轻率等等。实际上，不少处于亚健康状态的人并不只存在一方面或两方面的问题，而是在身体、心理、情感三方面都有所表现。快节奏的生活、不稳定的伴侣关系、薄弱的健康意识等因素导致亚健康比较普遍。WHO 的一项全球性调查表明，全世界大部分人处于亚健康状态，真正健康的人比例非常低，大概只有 5%，医学诊断患有疾病的人比例占到 20%。中国的情况有所不同，健康的人与患疾病的人比例对半，各占 15%，亚健康的人比例为 70%，如图 1 所示。

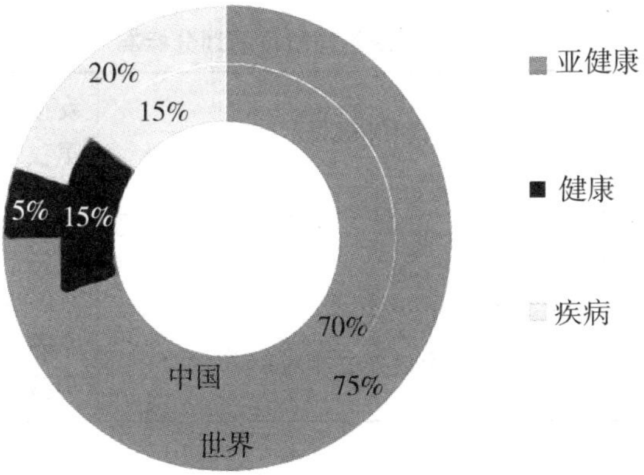

图 1　中国与世界人口健康比较

资料来源：全国心理健康指导与教育科普工作研讨会，2006 年 9 月

二、青春健康教育

（一）青春期含义与特征

不同人对青春期有不同的看法，在文学家眼里，青春期被称为“人生的花季”；在社会学家眼里则被称为“多事之秋”；犯罪心理学家称青春期为“最危险的年龄”；生理学家称之为“第二生长高峰期”；而心理学家称之为“断乳期”。

青春期是指生殖器官发育成熟、出现第二性征的时期。青春期是指由儿童逐渐发育成为成年人的过渡时期。青春期是人体迅速生长发育的关键时期，也是继婴儿期后，人生第二个生长发育的高峰期。青春期是人生最具活力、身心变化最突出的时期。

关于青春期的界定，不同国家或同一国家不同部门对其年龄的界定有所差异。世界卫生组织将青春期的年龄界定为10—20岁，而我国对青春期的界定有所压缩，为11—18岁。青春期可以根据各个阶段的生理发育特征不同，分为前期、中期和后期，各个阶段中男女有所差异，如表1所示。

表1　青春期不同阶段的划分标准

青春前期	女孩初潮/男孩初次遗精	女孩10—12岁 男孩12—14岁
青春中期	性成熟期，以第二性征发育为主要特征	女孩13—16岁 男孩15—17岁
青春后期	身体发育完全成熟并相对稳定	女孩17—23岁 男孩18—24岁

笔者认为，青春期在生理上是指性器官发育成熟、出现第二性征的阶段，在心理上是儿童向成人的过渡阶段，最后达到成熟的阶段；在社会维度上，是追求个人独立，减少依附，发展符合社会期望的认知技能和概念，为未来的婚姻和家庭做准备、表现负责任的行为，追求理想和抱负的阶段。总之，青春期以性生理成熟、性心理发展、性意识觉醒、社会需求增加为主要特征。

（二）青春健康教育

基于青春期的特征与健康概念之意涵，本书认为青春健康教育主要基于三个维度：一是青春期性教育。基于青春期性意识觉醒、性心理发育的前提，采用多种形式与方法（包括传统学校教育、家庭生命教育、同伴教育、社区教育）、多层次（青少年、家长与教师）、多维度（性生理、性心理与性道德维度）全面普及生理卫生保健知识、生殖健康教育、疾病防治知识等内容，确保青少年保持基本的身体健康，实现生命的长度教育。二是青春期精神健康。基于当前青少年精神、心理发展面临的困惑与矛盾，普及青少年心理健康与精神健康服务，内容包括了解自身精神状况、常见精神疾病症状与防治知识、人际交往技巧与方法等知识与内容，培养健全的人格，实践健康的心理维度，确保生活或生存的质量，实现生命的宽度教育。三是青春期的社会教育。基于健康的社会维度，培养具备社会责任，有担当、具备奉献的精神与品质的青少年，主要内容涉及社会公德教育与公民教育，最终实现生命的高度。青春健康教育是融性健康教育、生命教育、艾滋病防治教育为一体的教育模式与体系。①

青春期是青少年生理发育和心理变化急剧发展的时期，也是世界观、人生观、价值观逐步形成的关键时期，如何进行积极有效而又稳妥的青春期健康教育，使青少年健康成长，是每一位家长和教师的共同愿望，也是全社会的共同责任。

1. 开展青春健康教育的意义

（1）青春期健康教育是促进和保护青少年健康成长的需要。在我国，社会经济的全面发展和人民生活水平的提高及青少年性生理成熟年龄提前而结婚年龄推迟，导致婚前性成熟期延长，加之受到各种性文化传播媒介的冲击，家庭结构的变化，社会利益主体的多元化及其社会经济地位差别的扩大，导致传统道德说教的作用已显著被削弱。如果青少年对性与生殖健康知识和服务的需求不能从正规的渠道得到满足，就会受到不科学的、不健康的信息误导，这会直接影响到每个青少年身心健康，影响到家庭关系的和谐，甚至影响到社会伦理秩序的稳定。

（2）青春期健康教育是加强社会主义精神文明建设的需

① 刘芳，柯文艳．社会工作视角下“四位一体”高校青春健康教育模式的实践与反思［J］．红河学院学报，2018，16（03）：125—129.

要。青少年是社会经济可持续发展的关键，是国家、民族未来的希望，是21世纪的生力军。青少年能否健康成长关系到我国未来社会主义建设事业能否蓬勃发展。性与生殖健康是青少年健康成长和发展的重要组成部分，但由于受到传统观念束缚，无论在学校还是在家庭，公开、坦诚地向青少年传授性知识，仍存在诸多障碍，使青少年在接受系统、科学的性知识教育方面存在着许多不足之处，各种黄色不健康的信息可能会乘虚而入。

（3）青春期健康教育是社会先进文化的具体体现。青少年健康是国际社会的热点问题之一，也是我国人口与计划生育工作坚持“以人为本、以人的全面发展”为中心的重要内容，是“三个代表”重要思想的集中体现，它本身符合先进文化前进的方向。多年来，由于受旧的传统观念影响，不少家长对性的认识存在一些观念误区，造成社会和家庭性教育的错位，因此，开展性与生殖健康教育就是用先进文化战胜传统性文化，这是具有划时代意义的质的进步，是具有代表性的先进文化思想的体现。

2. 青春期健康教育中存在的问题

（1）观念和认识不到位。主要表现在：一是观念上的陈旧，谈“性”色变的局面没有彻底改变，意识不到青春期健康教育的紧迫性和现实性，甚至担心性教育会带来消极的影响。二是认识上的偏差。错误地认为开展青春期性教育会让学生过早地接触性知识、生育知识而产生误导，没有认识到青少年的求知欲。

（2）部门之间配合不到位。开展青春期健康教育作为社会先进文化的一项实践活动，是综合性社会系统工程，政府重视、部门协同至关重要。但在实际工作中还没有真正形成全社会齐抓共管、综合治理的格局。

（3）制度落实不到位。主要体现在：教材、教法（包括同伴教育）、师资队伍没有形成规范化、制度化、系统化的标准，往往是各讲一套，既有非常脱离实际的空洞说教，也有过于具体和易引起副作用的不恰当内容，致使在教育过程中主动与积极参与的少，被动应付持消极态度的多，很难达到预期的效果和目的。

3. 加强青春健康教育的对策措施

（1）提高认识，转变观念。首先，必须彻底摒弃传统的婚育观念，营造社会舆论和环境，引起社会关注及家长的配合。其次，必须加大宣传力度，借助各种宣传教育工具和形式，开展强大的精神攻势，调集精兵强将，加大投入。对青少年进行性生理、性心理、性行为、性道德的调查分析，有针对性地开展宣传教育。宣传教育要细致，入脑入耳，中心突出，持之以恒，使之从封建意识束缚中解脱出来。同时，各级领导、教师、家长要真正提高思想认识，转变观念，增强责任感、义务感和紧迫感，达成共识，使全社会都充分重视青春健康教育这项重要而复杂的系统工程，形成一个良好的教育氛围环境。

（2）协调联动，形成合力。开展青春期健康教育是综合性的社会系统工程，要做好此项工作，单靠计生部门自身力量是不够的，必须有社会各界的广泛配合，只有做到优势互补、资源共享，才能达到预期目的。计生、教育、妇联、共青团等有关部门要按照职责分工，各司其职，密切配合，想方设法解决青春期健康教育工作中存在的实际问题。各级各部门都应从转变观念入手，用“大人口”观念来组织和推进青春健康教育工作，充分认识青春期健康教育工作是社会主义精神文明建设和公民道德规范建设的一个载体，使之逐步形成政府牵头、部门协同、齐抓共管、综合治理的格局，确保青春期健康教育工作广泛、深入、有效、健康地开展。

（3）强化学校教育，以点带面，促进青春健康教育的全面开展。学校教育是青少年获得性生理、性心理和生殖健康知识的基础。学校领导要高度重视，明确责任目标，采取切实措施，将青春期健康教育抓紧抓好。一是要认真搞好调查和宣传。深入了解和掌握青少年性生理、性心理与生殖健康方面的思想状况、知识水平、态度、行为以及相关的社会、经济、文化等影响因素，有针对性地进行宣传教育。二是要抓好师资培训。青春期健康教育的核心内容是向青少年提供性与生殖健康内容、信息和服务，而教师又是直接面对青少年进行生活技能培训的工作人员，为此要对教师进行高水准的培训。三是要采取分类教学的方法。青春期健康教育的内容不单是传授生理知识，还包括性心理、性道德、性法律知识及性病防治等，涉及的内容比较广泛。为此要采取分类施教的方法对学生进行教育，即有关性生理类由生物教师授课；有关性心理、性道德类由心理教师任教。这样既能发挥任课教师的专业特长，又能使教学内容的科学性和针对性得到充分保证。四是要对青少年进行技能培训。学校在开展互动式授课的基础上，还要开展办展览，开座谈会，进行心理咨询，举办讲座、主题班会等丰富多彩的活动。

（4）坚持“适时、适量、适度”原则。在整个青春期阶段，不同年龄的孩子所需要的知识、帮助和心理指导是不同的。适时、适量、适度地对青少年进行青春期教育，正确加以引导，既是促进和保护青少年健康成长的需要，也是加强社会主义精神文明建设，保证国家和民族兴旺发达的需要。“适时”是指要在适当的时间对孩子进行教育，在孩子需要帮助的时候，能够给予及时的帮助。根据我国目前的实际情况，女孩一般在小学五六年级开始步入青春期，男孩一般略晚一两年，所以青春期教育从小学高年级开始比较适宜。“适量”是指青春期教育的内容需要从量的方面进行把握，内容过少难以起到教育的作用，而内容过多又会适得其反。“适度”是指要正确把握青春期教育的分寸尺度，对于十几岁的孩子来说，正是长知识长身体的阶段，对于世界充满好奇，又是时时困惑渴望得到引导、得到帮助的阶段。但是教育和教唆只有一步之差，把握好适度的原则十分必要。

（5）开展青春期健康教育需要结合我国的国情。我国有几千年的传统文化，而西方文化与我国是有许多不同的，虽然处于当今信息传递迅速、东西方文化交融、新旧价值观念碰撞的历史时期，广大的青少年在生理和心理的成长变化过程中，不仅存在着缺乏必要的健康知识而造成的负面影响，而且还受到日益增长的性传播疾病、艾滋病以及非意愿妊娠的威胁，但是开展青春期健康教育也一定不要忘记我国的传统文化和国情。

三、艾滋病防治教育

（一）有关艾滋病的基本概念

1. 什么是艾滋病

艾滋病的医学全名为“获得性免疫缺陷综合征”（AIDS：Acquired Immuno-Deficiency Syndrome），是由艾滋病病毒（人类免疫缺陷病毒）引起的一种严重传染病。艾滋病病毒侵入人体后破坏人体的免疫功能，使人体发生多种难以治愈的感染和肿瘤，最终导致死亡。

2. 什么是艾滋病病毒

艾滋病病毒简称 HIV（Human Immunodeficiency Virus），是一种能攻击人体免疫系统的病毒。它把人体免疫系统中最重要的 T4 淋巴细胞作为攻击目标，大量吞噬、破坏 T4 淋巴细胞，从而破坏人的免疫系统，最终使免疫系统崩溃，使人体因丧失对各种疾病的抵抗能力而发病并死亡。科学家把这种病毒叫做“人类免疫缺陷病毒”。艾滋病病毒在人体内的潜伏期平均为 12—13 年。在发展成艾滋病病人以前感染者外表看上去正常，可以没有任何症状地生活和工作很多年，但能够将病毒传染给其他人。

（二）艾滋病的传播途径

HIV 存在于患者和 HIV 感染者的血液、精液、阴道液中。传播途径有三种：①性接触传播。通过混乱的男女间、男性间（同性恋）的性交传播。②血液传播。通过输入被病毒污染的血液；使用未消毒的注射器；在文身、穿耳朵眼、剃须等时使用污染的器械，因刺破皮肤或黏膜而感染。③母婴传播。母亲若感染 HIV，其所生婴儿有半数以上将在胎儿时，或通过母亲产道分娩时，或出生后吃母乳而感染，绝大多数在 5 岁前死亡。其次，应明确告诉学生，一般日常生活接触不会传播艾滋病。内容应尽量具体，如：咳嗽、打喷嚏、握手、礼节性接吻；同在一个教室上课，一起吃饭，一起玩；共用电话、茶杯、马桶垫、游泳池、毛巾等；蚊子等昆虫叮咬，都不会传播艾滋病。懂得这些知识后，将使青少年明白艾滋病的传播途径，从而增强预防的信心；同时有助于消除对艾滋病的恐惧，转而向患者提供必要的关爱和帮助。

（三）艾滋病的症状

人感染 HIV 后，一般经历多年后才出现症状。他表面上可以是完全健康的，但血液、精液和阴道分泌物中存在着大量 HIV，有很强的传染性。若某人出现长期低热、体重急剧下降、盗汗、慢性腹泻和咳嗽、全身淋巴结肿大等症状，应注意排查是否患了艾滋病。进入发病阶段后，患者体内免疫系统受到全面破坏，所以会出现肺炎、脑炎、结核、乙肝、病毒性疱疹、口腔真菌感染等“条件性感染”（对正常人不会致病的病原体也能在他们身上引起感染），以及恶性肿瘤等。上述病症一旦出现，表明患者已进入艾滋病晚期，生存时间将明显缩短。

（四）艾滋病的预防

措施一：拒绝一夜情。近年来发现，性行为已经成为传播艾滋病的主要途径之一，因为艾滋病病毒可以借助艾滋病病人或感染者的精液或者是阴道分泌物传播。因此，应该洁身自爱，忠实于自己的性伴侣，坚决拒绝一夜情。

措施二：正确使用安全套。在人们的意识里，安全套只是为了避孕才使用，其实，安全套还有防病功能，可以防止包括艾滋病在内的各种性传播疾病。

措施三：不吸毒。共用注射器也是艾滋病的主要传播方式，因为将毒品注射进入体内时，会有一点点的血液残存在注射器内，这就为血液传播艾滋病病毒创造了条件，因此，应该坚决远离毒品。

措施四：尽量减少不必要和不适当的用血。输入被感染的血液会染上艾滋病病毒。

措施五：不到个体诊所拔牙。拔牙属于有创手术，拔牙使用的医疗器械应该是经过严格消毒的，或者是一次性的，没有经过消毒或者是消毒不彻底，都有可能因为接触过被感染血液而导致艾滋病病毒传播。

措施六：在准备怀孕前接受艾滋病抗体测试和咨询。母婴传播是艾滋病传播的主要途径之一，要想阻断母婴传播，准备怀孕前应接受艾滋病抗体测试和咨询，怀孕期间避免吸烟、吸毒等行为，怀孕期间发生性行为时坚持使用安全套等。

措施七：主动进行 HIV 检测。艾滋病病毒可以通过母婴、性和血液三种途径传播。目前，绝大多数市民没有进行过艾滋病病毒测试，但是，如果觉得自己有可能通过这几条途径被感染，可以到市疾病预防控制中心和各区县卫生防疫站进行免费 HIV 检测。

措施八：多了解艾滋病的传播途径，有针对性地进行自我保护。因此，了解的知识越多，自己越安全。

措施九：不在皮肤和黏膜表面有破溃的时候与艾滋病感染者直接接触。这是因为艾滋病可以通过血液和体液传播，当皮肤表面有破损的时候，艾滋病病毒就会乘虚而入。在这种情况下，应避免和艾滋病人进行直接的接触。

措施十：不要共用刮脸刀、牙刷等个人用品。刮脸过程中极易在面部留下创口，而艾滋病病毒正是通过血液传播的。

措施十一：及早治疗并治愈性病可减少感染艾滋病的危险。性病患者，患有生殖器脓疮、溃疡、炎症的人更容易感染艾滋病。

四、性与生殖健康教育

性与生殖健康教育作为大学生人格教育体系的重要内容之一，关系到大学生的人格发展。一个性知识匮乏、性心理不健康的人，其人格是不健全的，而人格的缺陷是制约人发展的重大障碍。在当前处于社会转型期的中国，有的人尤其是极少数大学生受西方腐朽没落的“性自由”“性解放”思潮的影响，性观念出现迷茫和混乱，在无知中跟着感觉走，一些幼稚而不负责任的性行为，直接威胁到大学生身心健康，这已经成为高校不和谐、不稳定的根源所在。因此，我国各地高校迫切需要根据各自的实际情况，开展适合本地区大学生特点的性与生殖健康教育活动，以改变大学生存在的性愚昧和性无知，减少性困惑，增强大学生性心理的调适能力、性的责任感及性的防范意识，引导大学生走出人生最困惑、最危险的年代，最大限度地降低由性问题所致的种种恶性事件。在社会理解和支持的大环境下，教育工作者要加强探索和实践，以严肃、认真、慎重的态度开展大学生性与生殖健康教育活动。早日总结出一套符合本地区、本民族大学生的性与生殖健康教育体系，为大学生身心健康成长，为校园的和谐稳定，为社会的精神文明建设做出贡献。

性教育其实早已被国家重视，周恩来总理曾经三次强调过性教育。他在 1954 年说：“一定要把青春期的性卫生知识交给男女青少年，让他们能用科学的知识来维护自己的健康，促进正常发育。”在 1963 年说：“要在女孩子首次来月经、男孩子首次发生遗精之前，把科学的性卫生知识告诉他们。”在 1975 年说：“青年懂得生理卫生知识很重要……现在封建思想在这方面的影响还很大，把来月经叫‘倒霉’，怀孕害羞，说到生殖器官、性的问题就脸红，在小学、中学应当介绍这方面的知识。”①

可是，长期以来，受封建传统思想文化的影响，我国的性教育与生殖健康教育并没有得到重视。基本的现状是“家长羞于说，老师挑着讲，子女偷着看”。随着时代的发展，落后的性与生殖健康教育已经不能满足青少年的发展需求。当前因受到西方思想的影响，在我国，婚前性行为急剧增多，大学生对性观念呈现越来越开放的趋势，对婚前性行为持赞同、宽容态度的人越来越多。2012 年 3 月《小康》杂志社联合清华大学媒介调查实验室对全国 31 个省区（市）的公众进行调查，数据显示，71.4% 的受访者在结婚前发生了首次性行为；仅两成受访者不认同婚前性行为。

（一）性与生殖健康教育的基本概述

“食、色，性也。”自古我们的祖先就注意到性与生殖健康知识的重要性，但限于时代和传统文化的束缚和影响，性与生殖健康教育开始真正受到重视还是在 20 世纪后期。性与生殖健康教育是指通过对人们进行系统的关于性生理、性心理、性卫生以及性价值、性道德教育，以达到使受教育者具有科学的性知识、正确的性观念以及高尚的性道德和健康的性行为之目的，帮助受教育者科学地认识自己、了解异性，确立正确的性角色责任意识和行为规范，具有健康的性心理及性价值观，成为身心健康、人格健全的男性和女性。

性与生殖健康教育在不同国家、不同时期有所不同，有所侧重。这与社会制度、社会需求、道德观念有关，也有一个逐步认识、逐步科学化的过程。性与生殖健康教育既是健康教育的重要组成部分，也是德育的重要内容之一。了解国内外性与生殖健康教育的历史和发展，对于促进我国现代性与生殖健康教育的健康发展具有重要意义。

---

① 雷良忻，漆书青，席殊．中国大陆性教育的发展（1979—1995 年）［J］．教育学术月刊，1997（4）：19—21.

1. 国外性与生殖健康教育的发展

在19世纪之前，各种文明和民族都没有形成严格独立的性学，人们对性问题的探讨多停留在哲学和伦理学价值观上，而性医学科学的发展则仅仅局限于生殖医学范畴。19世纪后期，世界各国都十分重视青少年的性与生殖健康教育。美国是最早提倡性教育的国家之一。19世纪80年代以前，美国社会的性教育处于自发状态，当时的美国人在谈论性问题时，也是躲躲闪闪，战战兢兢。美国社会年轻人的性道德观念随着工业革命带来的经济发展发生了很大变化，性行为出现放纵现象，家长开始关注子女的性行为方式。19世纪后期，欧美开始出现有关性教育的论著。1892年，爱伦·沃特出版了美国第一部性教育书《真理的教导》。1897年他又出版了另一本性教育书《青年女子须知》。美国妇产科医生W. H. 马斯特斯（W. H. Masters）和他的妻子——心理学家V. E. 约翰逊（V. E. Johnson）对性反应最早进行系统研究。德国医学家布洛赫（I. Bloch）（1840—1922年）于1906年首先提出“性学”这一概念，后来又主编了《性学手册》。但是将性教育引入学校教育课程则是20世纪初期的事。美国的C. A. 摩洛医生提出，性行为轻率、混乱会使人感染多种性病。在他的积极活动下，美国于1905年成立了美国卫生与道德防疫协会，宗旨是以卫生、道德和行政措施来制止性病流行。摩洛还帮助一些学校开设卫生课，强调以宗教信仰和道德规范来约束性行为，目的是防止性病流行。1914年，美国国家教育协会呼吁重视性卫生教育的重要价值，要求在公立学校讲授性卫生知识。但是这些早期的努力都未能实现在学校开展系统的性教育。1957年，瑞典率先在公立学校设置性教育课。从20世纪60年代起，欧美国家普遍开始重视学校性教育。欧美国家在20世纪早期提倡的性教育都非常明确地把性的伦理教育放在突出的重要地位，密切结合宗教的性道德观念，旨在教育青少年接受性约束，不要有婚前性行为。宗教教义也劝告成年人要忠诚于婚姻，不要有婚外性行为。但随着20

世纪60年代掀起的性自由思潮，使社会的性道德观念变得极为淡薄，以致在性问题上的是非界限消失。在性自由思潮的直接影响下，性教育课程的内容也发生了重要变化，在某种程度上，它和性解放、性自由的思潮密切配合。到了20世纪70年代，性教育几乎成了性解放和性自由思潮的一部分。有的国家在讲授性生理课时，着重讲解性器官和性交过程，指导使用安全套，强调性是青少年应该得到自由满足的天性，谁也不应阻止青少年去追求性满足。有些国家则完全取消了性伦理教育，甚至连性道德一词也不再提及。亚洲的日本，原来以纯洁教育为名的偏重道德的学校性教育，到20世纪70年代也改名为偏重性知识的“性教育”。正如早就对这种变化感到忧心忡忡的西方有识之士所预料的那样，20世纪60年代以后的性教育已经成为唆使青少年过早进行性交的教育，并因此造成了严重危害青少年身心健康和终身幸福的消极后果。

瑞典的性教育态度是全世界最开明的，也是最早倡导以人格教育为中心的性教育的国家。1956年，瑞典将性教育定为义务教育，对7岁以上的学生开展强制性以避孕技术为基础的性教育。但在开展这种教育不久的1960—1965年，15—19岁少女婚外怀孕率激增了60%。许多少女怀孕后独自堕胎导致死亡。1970年后，瑞典青少年酗酒、吸毒、性犯罪问题突出，性病泛滥。于是1977年，瑞典政府改变了相关政策，不再强调不偏不倚地传授有关生殖知识，而是进行性的综合性教育，强调爱情关系的情感和伦理方面的内容，其中伦理教育占很重要的地位。在日本，性教育经历了纯洁教育、性教育、性指导三个阶段。第二次世界大战后，日本文部省发布“实施纯洁教育”的通告，强调保持身心纯洁，维持道德秩序的重要性；但在20世纪60年代后，在性解放思潮的冲击下，纯洁教育受到挑战，开始以传授性科学知识为主的性教育阶段。而后又因“性”导致的严重社会问题和疾病的困扰，开始进入性指导阶段。英国规定学校进行性教育的目的是为了加强学生的道德教育，不搞同性恋，降低艾滋病的发病率。国外的性教育形式多样，不同国家对如何在特定人群中开展或以何种方式实施性与生殖健康教育仍存在很大的争议，但世界各国的经验均表明“知”比“无知”更有益。

2. 国内性与生殖健康教育的历史与进展

性教育在我国有着悠久的历史，我国历史上并不缺乏性教育。早在先秦西汉时期，与性有关的著作就已经开始在社会上出现。从古代一系列的性学著作中可以看出，古代中国人的性观念是健康的，这构成了早期的性文明，但同时也存在大量封建和有害的性教育。到了明代，禁欲主义和性神秘思潮涌起，至清代延续数百年，使性禁锢处于支配地位，其遗风影响至今。

20 世纪 20 年代，时任北京大学的哲学教授张竞生先生曾经宣传和倡导过性教育。鲁迅先生也是中国现代性教育的优秀先驱者，他于 1909 年从日本留学回国，应聘担任杭州两级师范学堂的生理教员时，就首先打破了性生理的禁区，勇敢地把性知识带进了课堂。

我国性教育真正发展是在中华人民共和国成立后。中华人民共和国成立后，周恩来总理十分重视青少年的性教育，曾为此征求过吴阶平、叶恭绍等学者的意见，并在 1963 年夏向北京高等院校应届毕业生发表的讲话中阐述了对青少年进行性教育的重要性。周恩来总理对我国的性教育影响很大，正是在他的倡导下，我国的性教育才逐渐开展起来。

1978 年党的十一届三中全会召开后，我国才真正打破性教育的禁区。在改革开放后的 20 世纪 80 年代，中国著名医学家吴阶平教授撰文系统地阐明了性教育的重要意义，强调指出性道德教育在性教育中的突出地位。他在《开展青春期性知识和性道德的教育刻不容缓》一文中明确提出：“青春期教育对人一生的成就有极重要的影响，青少年是祖国的未来，民族的希望。”“不仅是关系到青少年一代的健康成长，而且是关系到国家前途、民族兴衰的重大课题。”吴阶平教授还重视全社会的性与生殖健康教育，为在中国普遍开展性与生殖健康教育做出了多方面的贡献。1982 年，由吴阶平教授主持编译的《性医学》一书出版，标志着现代医学和性医学作为一个专门的学术领域在我国建立，有力地促进了性学禁区的打破和性教育的开展。1988 年国家教育委员会和国家计划生育委员会颁发了《关于在中学开展青春期性教育的通知》，开始了我国青春期性教育的新纪元。同年中国人民大学开始开办性科学讲习班，把性教育引入校园，1989 年华南师大把“性科学及性教育”列入教学计划，作为选修课。1992 年 5 月《中国性学》杂志出版，更进一步促进了性学的研究和发展。1993 年初国家教委制定了《大学生健康教育基本要求》，提出有条件的学校可以试点开设必修课。1996 年我国第一个性与生殖健康辅修专业在首都师范大学诞生。1999 年宁夏大学率先在全国高校开设大学生性与生殖健康教育选修课，至今已有数万名大学生受到系统的生殖健康教育，课程内容得到大学生普遍欢迎及社会认可，取得了一定的教育和社会效果。2001 年 12 月 29 日，《中华人民共和国人口与计划生育法》第十三条增加了加强性教育的内容：“学校应当在学生中，以符合受教育者特征的适当方式，有计划地开展生理卫生教育、青春期教育或者性健康教育。”这是性教育首次以国家法律的形式出现。从这个意义上讲，《中华人民共和国人口与计划生育法》中提到“性健康教育”五个字，是立法的一小步，但对于我国几千年性禁锢的社会来说不能不说是性文明的一种很大意义上的进步。

（二）性与生殖健康教育中几个主要概念

1. 性

性是生物界普遍存在的现象，是使物种得以生存、繁衍的基础，是生物的一种自然本能。对于人来说，性的生物属性，是人类生活的重要组成部分，也是人类生存必需的一种本能。人类的性行为有别于动物的是，性既有自然属性，又有社会属性。性的生物基础是它的自然起源，而性的社会基础则体现了它的本质。性是包含生理、心理、思想、情感、伦理、精神以及各种社会因素在内的一种生物本能，是人的自然属性和社会属性两者的结合和统一。性是人体最基本的生理和感情需要，也是人类延续的基本方式，同时还是社会稳定的要求。人类进入青春期以后，脑垂体促使性腺分泌激素，从而引起人体内部性激素增加，这种人体内部生理条件的变化就产生性本能冲动，从而引起性欲。这是延续后代所必需的条件和要求，绝不是什么邪恶的东西。古人道："食、色，性也。"这是说性的要求与吃饭的要求一样，都是人类的天性、本能，是自然属性。但是，人的本质是社会关系的总和。按照人的本质属性（社会性）和社会道德的要求，人们的性关系应该是建立在纯真爱情和崇高义务相结合基础上的情侣关系，这种关系是以婚姻家庭为表现形式的。所以说，人类的性与其他动物的区别就在于它的社会性。人类性行为的目的决定于人们的社会需要，它受社会规范的约束，体现着人类社会的文明。

2. 性行为

性行为是一种自然的生理现象，它具有追求性满足的生物属性，是具有高尚情感的行为。世界上每一个人都与性行为有关。性科学研究按照性欲满足程度的分类标准，将人类性行为划分为三种类型：一是核心性行为，即两性性行为；二是边缘性行为，如接吻、拥抱、爱抚等；三是类性行为。狭义的性行为特指性器官的结合，即性交。而广义上的性行为则并不只意味着性交，观看异性的裸体、电视的色情节目，接吻，自慰，阅读色情小说等，都是地地道道的性行为。性行为可依其对象、方式和社会标准进行不同的分类。

3. 性冲动

性冲动是进入性兴奋强烈的生理心理反应。完全的性冲动，是从性唤起开始，由弱到强，并通过自慰的方式或性交达到释放。不完全的性冲动可以很短暂，即由于意识到不堪设想的行为后果后，用性意志在过程中或刚开始时便进行遏止。男女性冲动有较大差异，一般男性容易产生性冲动，显得急不可耐；女性性冲动产生相对较迟滞，但其维持性冲动的时间比男性长几倍。人类在有性冲动时不是每次都能获得性满足或释放的，多数的性冲动会在性意志的作用下慢慢消退，这也是人类性冲动不同于其他动物的地方所在。

4. 性道德

性道德是婚姻家庭道德的一个重要组成部分，是社会道德渗透在两性生活方面的调节人类性行为的道德规范，是人们性行为的标准，也是衡量人类两性关系文化发展水平的重要标志。异性相吸，性爱、性冲动和性行为是人类的一种本能，但因为涉及第二者，并产生生物学、社会学后果，为了协调双方及与周围人的关系，必须有性道德。我国目前比较公认的性道德原则有：男女平等、恋爱自由、性生活双方自愿并无害健康，有利于家庭幸福等。

5. 性放纵

性放纵是指不加节制的性行为。其主要原因不在生理上的性欲亢进，而在心理上的贪欲、畸形的占有欲。性放纵对个人与社会均有极大危害。因性放纵所导致的社会问题层出不穷，其中性病与艾滋病的泛滥不得不让人重新思考这一问题。

6. 性革命

在20世纪的西方，妇女解放运动的兴起，使不少妇女产生了争取性自由的勇气，也出现了争取性自由的可能，这对社会风气的改变有很大影响。口服避孕药加上新的避孕器具和流产手术，使得人们不再为性交的后果担忧。性可以分成“以快乐为目的的性”和“以生育为目的的性”。对许多妇女来说，性生活可以更加自由和开放了。向来以“自由”而著称的美国，可以说是“性革命”的发源地和大本营。可是，在经历了“性革命”30年后，美国不得不承认性革命偏离了预定的轨道，导致了大量的社会恶果。从而痛定思痛，重新重视“性纯洁教育”和“性伦理道德教育”。从历史角度来看，性革命在人类的性发展史上已成为一个来去匆匆的过客。它的产生、发展和消退都有深刻的社会、历史和文化根源，它给人们留下许多教训、许多反思。因此对于我国来说，如何避免重蹈西方性革命的覆辙是需要认真考虑的事情。作为新时期的大学生，有义务、有责任加强自身的性伦理道德教育，建立正确的性观念，切莫被性革命冲昏了头脑。

7. 生殖健康

生殖健康是指生殖过程、生殖功能和生殖系统的健康，并且意味着能够享有负责的、满意的和安全的性生活，有生育能力并且有选择生育的自主性。生殖健康这一概念是 1988 年世界卫生组织人类生殖研究特别规划署率先提出的，1994 年 9 月在第四届世界人口与发展会议上通过。生殖健康是自 20 世纪 80 年代逐渐形成并发展起来的一个新的概念，其概念的框架最早为世界卫生组织原人类生殖发展部主任巴塞拉多（Barzelatto）在 20 世纪 80 年代中期率先提出。1994 年 9 月世界卫生组织全球政策委员会在对健康达成共识的前提下，通过了生殖健康的定义，即：生殖健康是指生殖系统及其功能和过程在所涉及的一切事宜上，身体、心理和社会等方面的健康状态，而不仅仅是没有疾病和不虚弱。因此，生殖健康表示人们能够具有满意而安全的性生活，有生育能力，可以自由地决定何时生育及生育多少。男女均有权获知并能实际获取他们所选的安全、有效、负担得起和能够接受的计划生育方法，以及他们所选定的、不违反法律的调节生育率的方法，并获得适当的保健服务，使妇女能够安全地怀孕和生育，使夫妇双方能够获得生育健康婴儿的最佳机会。

（三）性与生殖健康教育的目的和意义

1. 性与生殖健康教育的目的

性与生殖健康教育的目的，是为了达到“性健康”。我们认为通过有计划、有目的、系统地进行性生理、性心理、性道德和性卫生知识的综合教育，可以使受教育者在这几方面朝着健康的方向发展，成为道德高尚、人格健全、身心健康的社会主义建设者和接班人。因年龄、对象的差异，性与生殖健康教育的目的也各有侧重。美国性教育学者柯肯德尔（Kirkendall）认为性教育的目的主要包括九个方面：

（1）性教育能使每一位受教育者了解有关自己在性生理、心理和情绪等方面成熟过程的知识。

（2）消除个人因性别差异和适应不同，所产生的焦虑与不安。

（3）发展个体在各种不同的行为表现中，对“性”的了解。

（4）对同性和异性朋友有较深刻的认识，并帮助其了解自己对不同关系的他人所应有的责任与义务。

（5）协助个人建立健全的人际关系，使之能在个人与家庭生活中，获得较正向、积极的满足感。

（6）对有关“性行为”的道德价值能有所了解，使之作为决策时的重要参考依据。

（7）提供有关“性滥用与误用”的知识，使个体能保护自己，免受生理和心理方面的伤害。

（8）提供一种为社会服务的动机，以减少因“性”而产生的种种社会问题，如：娼妓、私生子、对性所抱持的不合理态度，以及性泛滥等偏差行为。

（9）使每一个人能有效且具有创造性地应用自己的“性”，使之能充分发挥自己身为伴侣、父母、社区公民等各种角色之功能。①

我国台湾学者晏涵文（1990）归纳台湾学者的说法，根据健康教育科目中“观念教育法”课程发展的三个主要概念——生长发育、人与环境互动、做决定等，来分别说明性教育的目的，即：帮助每一个人正确地认识自己在性生理、心理和社会

① 江汉声，晏涵文主编．性教育［M］．北京：中国青年出版社，2004：7.

各方面成熟的过程，以避免由错误知识和态度所导致的损害；帮助个人对于人际关系有较深的认识，并发展自己的性别角色，如：伴侣、父母亲、子女等，学习去爱、尊敬和对他人负责；培养正确的观念和建立对道德所需的了解，它是在“做决定”时很重要的根据。

笔者认为进行性与生殖健康教育应该达到如下目的：

（1）普及性生理和性心理知识，消除性神秘、性愚昧和性无知。

（2）树立对性的正确态度，既要改变谈性色变，又要防止性庸俗化。

（3）确立科学的性观念，认识性道德的科学内涵，以及与人类生存发展和个人生活的重要关系。

（4）培育健康的生活方式，选择健康的性行为。防止儿童过早的性唤醒和性心理变态；避免青少年早恋，倡导男女对等的保持婚前童贞，理解婚前禁欲对个人身心健康和社会安定的重要价值；正确对待婚恋，重视婚姻稳定的价值，夫妻互相忠诚，促使婚后性生活和谐美满，防止纵欲和性功能障碍，不要有非婚性行为；洁身自爱，不受色情诱惑，不参与性乱和卖淫嫖娼。

（5）遵守男女平等的社会公德。男性要尊重妇女，唾弃大男子主义；女性应自尊自重，自强自立。

（6）防止性病、艾滋病的流行。

（7）防止性罪错，消除性犯罪。

总而言之，性健康教育的目的就是要通过有计划、有组织、有目标的系统教育活动，为大学生提供科学正确的性健康知识，消除性愚昧和性无知，预防性传播疾病，促进性生理和性心理正常发育，以及健康人格的形成；指导大学生树立正确的性观念和性形象，培养大学生的性道德和性法律意识，锻炼其性意志和性控制能力，增强对爱情、婚姻和性的责任感，规范他们的性行为，使大学生能形成符合伦理道德的价值观，减少婚前性行为和性放纵等性越轨行为，以便建立和谐的人际关系，并为恋爱、择偶、婚姻家庭生活做好准备，促进大学生的发展成才和社会文明进步。

2. 性与生殖健康教育的意义和价值

性与生殖健康教育是一门新兴的前沿学科，带有很强的探索性。开展性与生殖健康教育对处于青春期的大学生来说具有非常重要的意义，是时代的要求、社会现实的要求，是德育的需要、素质教育的需要，是向大学生进行科学教育、人格教育和素质教育的重要组成部分。开展全面的性与生殖健康教育是大学生的普遍愿望和共同需求，因此应对所有大学生进行性与生殖健康教育，以端正大学生对性的认识，为今后进入社会有良好的性心理和性行为奠定稳定的基础。

（四）大学生性与生殖健康教育的目的、意义及要求

当代大学生是国家的未来和民族的希望，其能否健康成长，决定着国家的前途和命运。大学生性健康教育作为大学生人格教育体系的主要内容，无论从思想素质方面还是从科学文化素质方面对大学生身心健康都起到非常重要的作用。开展大学生性与生殖健康教育，有助于大学生树立正确的人生观和恋爱观，掌握作为社会人所必备的性知识，自觉养成良好的性心理，培养健康的性道德，理智地处理个人情感生活，形成自爱、自强不息的优良品格；有助于大学生正确对待和认识情爱和性爱的关系，明确个人在爱情、婚姻、生育问题上应有的态度和责任，帮助他们正确对待正在萌发与发展的性生理和性心理问题，使大学生德、智、体、美、劳全面发展，成为21世纪现代化建设的高素质开拓者和创造者。

青春期是性发育的一个重要时期，处于青春后期的大学生性发育已经成熟，但大学生的心理正处于迅速发展，趋于成熟而又尚未成熟的阶段，不可避免地会遇到性生理、性心理和性道德方面的问题。由于中国受传统思想的影响，谈性色变，所以大多数学生未能从家庭、学校及社会宣传这些正规渠道获得

科学、系统的性知识。同时，我国正处于一个传统与现代交织更替的时代，价值观的多元化和西方性解放、性自由思想的影响给中国大学生的性观念、性道德、性行为带来巨大的影响。我国大学生的性观念、性道德发生了巨大变化。因此，应加强对大学生进行性健康教育，让大学生了解青春期的生理和心理特点，明确个人在爱情、婚姻、生育等方面应有的态度和责任，消除对性的神秘感和好奇心，自觉抵制不健康的性观念，促进他们德、智、体、美、劳全面发展。

大学生生殖健康教育的重要意义：有助于大学生掌握生殖健康方面的科学知识，坦然面对青春期出现的各种性问题；有利于大学生社会化，促进其健康人格的形成；有助于提高我国的社会文明水平。

大学生性与生殖健康教育的目的要求：①掌握大学生生殖健康教育的意义和学习生殖健康知识的方法；②了解男女生殖器官的生理功能与卫生保健，了解青春期性发育成熟与生殖避孕知识，了解青春期性心理的发展与性心理卫生；③正确对待性欲和性冲动，认识婚前性行为带来的不良后果，树立科学的性道德观；④知晓艾滋病及其他性传播疾病的危害、传播途径及其预防方法，规范自己的性行为，警惕和控制艾滋病及其他性传播疾病的发生与蔓延。

（五）大学生性与生殖健康教育的主要内容

1. 生殖健康教育

生殖健康教育的内容主要包括：①无论男性还是女性，都有权获得与生殖过程、生殖功能和生殖系统有关方面的科学知识及信息。②生殖健康是持续终生的，大学生不仅要学会在他们所处的社会、文化、经济的广阔背景下看待性问题，而且每一个人所做的抉择对其现在及将来的健康都会有影响。③提供科学、安全的避孕知识，使受教育者在需要的时候有能力做出是否使用避孕手段，以及用什么方法避孕才能防止意外怀孕和预防性病及艾滋病的传播感染的正确抉择。

2. 大学生学习生殖健康知识的方法

要从正规教育的途径获取科学的生殖健康知识，构建合理的生殖健康知识结构；坚持马克思主义的认识论，注重知识、态度和行为教育的统一；在生殖健康教育的互动教学活动中，学会对自己的性行为做出选择和决定。

3. 青春期性发育成熟

青春期发育的主要表现是男女在身体外貌上的变化、男女第二性征的出现。性成熟：青春期性发育的启动、男性性成熟、女性性成熟。

4. 受精怀孕与避孕知识

受精的条件：排卵后的 24 小时内卵子能够与进入女性生殖道 20 小时内的精子相遇。受精的部位：要在输卵管外 1/3 处、受精要求有一定数量的精子、每次射精量为 2—5 毫升、精子浓度为 0.5 亿—1.5 亿个/毫升、精子浓度要高于 0.2 亿个/毫升。避孕的原理与方法：避孕就是用科学的方法来阻止和破坏正常受孕过程中的某些环节，以达到避免怀孕、防止生育的目的。原理是通过抑制下丘脑和垂体的功能来阻止卵细胞的发育，从而达到避孕的目的。常用的避孕方法有短效口服避孕药，如复方炔诺酮糖衣片、复方甲地孕酮糖衣片；长效口服避孕药，如炔雌醚；长效避孕针，如复方乙酸孕酮；安全套、外用杀精药、体外排精法；安全期避孕（又称错开排卵期避孕），原理：错过精子与卵子相遇的机会而达到避孕的目的。常用的避孕方法：月经周期推算法、基础体温测量法及宫颈黏液观察法。事后紧急避孕法，是在没有采取任何避孕措施或避孕失败的情况下有了性交，防止意外怀孕的方法。处理方法：在发生性行为后的 72 小时内服用口服避孕药。

5. 青春期性心理的发展与性心理卫生

性心理是指人在性行为中的心理活动。主要包括两个方面：一是与性有联系的或以性为内容的各种心理过程；二是与人格特质相联系的性心理。青春期性心理的发展分为疏远异性期、异性好感期、异性向往期、两性恋爱期。大学生性心理发展正处在从不成熟迅速走向成熟，但尚未真正成熟的阶段，在性心理走向成熟过程中内心充满着各种各样的矛盾冲突，不同性别个体性心理产生时间、表现方式和强度存在差异。

6. 大学生心理困扰及其调适

大学生中常见的性心理困扰有性认知偏差、性焦虑、性欲与性冲动困扰、遗精的恐惧、月经期的烦恼、手淫的罪恶感等。大学生性心理的调适，一是自觉地学习与掌握性的科学知识，树立对“性”本身的正确认识；二是正确认识与对待青春期的性生理、心理现象是大学生心理卫生的重要内容；三是月经的心理卫生；四是树立正确的异性观，正常地与异性交往；五是加强对大学生性心理健康工作的指导。

7. 艾滋病等性传播疾病的预防

性传播疾病简称性病，是通过性接触而将病原体传给对方的传染病。过去我国医学界通常只将梅毒、淋病、软下疳和性病性淋巴肉芽肿列入性病范畴，其中以梅毒的危害性最大。近年来随着医学科学的发展以及世界上人类性行为的一些变化，国际上又将生殖器疱疹、尖锐湿疣、非淋病性尿道炎、传染性软疣、滴虫、生殖系统念珠菌病、阴虱、疥疮、股癣以及艾滋病等均列入性病范畴。性传播疾病的危害性：给社会方面带来的危害，对人类健康的危害，严重影响妇女的生育能力、肿瘤、妊娠并发症以及其他方面。

性传播疾病的防治，一是性传播疾病的社会性防治。如政府的高度重视、加强宣传教育、建立健全各级性传播疾病的防治与检测机构、加强法制建设。二是掌握必要的知识，树立健康的性心理；对性行为要有正确的认识，提倡洁身自爱，既不做性病的受害者，也不当性病的传染源；要掌握一定的性病防治知识，健康人要懂得如何预防感染，怀疑患有性病时要尽早到正规医院求治，并与医生密切配合，做到早发现，早治疗；已患有性病的患者也要对社会负责，除积极治疗外，要停止性生活；内衣及个人用具应单独放置及消毒处理；不能再去公共浴池洗澡或游泳池游泳等。

常见的性传播疾病及其防治。①淋病。淋病主要是通过性交接触传播，但也可通过污染的衣裤、被褥、寝具、浴盆和手传播。对淋病的预防，应该加强性病防治宣传教育，提倡洁身自爱，不搞性乱，早期发现病人并给予合理治疗；对淋病患者应进行隔离，对病人的衣物、床单等应煮沸消毒，浴盆、便盆等用消毒剂消毒；如在30天内接触过淋病的性伴侣应进行检查和预防性治疗。②梅毒。性接触传播是主要传播途径，胎盘传播是其他途径，还有接吻、哺乳、输血、接触病人污染的日用品等途径。防治措施：隔离治疗传染源，切断传染途径，保护健康人群。③艾滋病及其防治。艾滋病的发展过程包括潜伏期、感染期、相关综合征期和艾滋病期。预防艾滋病和艾滋病病毒感染：一是自觉学习预防艾滋病和艾滋病病毒感染方面的知识，全面了解艾滋病的病因、危害性和传播途径，树立健康性观念，规范自己的性行为。为了自己和他（她）人的性健康而洁身自爱，不以任何方式吸毒，更不能卖淫、嫖娼。二是增强自我保健意识，不擅自使用未经检验的血制品，不去消毒不严格的医疗机构打针、拔牙、针灸或手术；不与别人共用牙刷、剃须刀及其他容易传递污染血液的生活用品。如果患有性病，应尽早到正规医院诊治，否则已存的病灶会增加艾滋病病毒感染的机会。制止对艾滋病病人和艾滋病病毒感染者的歧视行为，这不利于病人的治疗和生活。避免有的艾滋病病毒感染者或艾滋病病人在被朋友和社会都抛弃的情况下自暴自弃或报复社会。

五、同伴教育

（一）什么是同伴教育

“同伴教育”（Peer Education）指的是具有相同背景、共同经历，或有共同语言的人们在一起分享信息、观念和行为技能，实现预期教育目标的教育形式和过程。① 它主要采用小组讨论、游戏、角色扮演等参与性和互动性较强的方式进行培训，参与的人主要是年龄相仿、知识背景和兴趣爱好相近的同伴或朋友。同伴教育通常首先对有影响力和号召力的青少年（同伴教育者）进行有目的的培训，使其掌握一定的知识和技巧，然后再由他们向周围的青少年传播知识和技能，甚至向更广泛的范围传播，以达到教育的目的。同伴教育的培训侧重于态度的讨论和技能的培训，而不是知识的传授。在大学生艾滋病防治教育中，同伴教育就是利用青少年的趋众倾向，对青少年进行教育。

同伴教育是一种客观存在，是一个人社会化的重要途径，也是一种教育行为。社会学家依据一定的前提条件，有时把同伴教育称为同龄群体教育或同辈群体教育。人们通常愿意听取年龄相仿、知识背景、兴趣爱好相近的同伴、朋友的意见和建议，青少年尤其如此。在一些敏感问题上，青少年往往特别能够听取或采纳同伴的意见和建议。同伴教育就是利用青少年的趋众倾向，对青少年进行教育的方式。它是一种促进社会规范在个体身上内化，达到润物细无声而奋发向上的一种教育方式。

（二）为什么需要同伴教育

青春期是人生中可塑性最强的黄金时期，是青少年发育成长的一个重要阶段。从体格方面看，处于青春期的青少年可以走向强壮健美，也可以趋向衰弱多病，这取决于他们能否得到合理的营养，能否参加适当的体育锻炼。在思想上，处于青春期的青少年可以积极向上，也可以无所作为，这取决于他们能否受到正确的教育和引导。在学习上，处于青春期的青少年有好学勤奋的一面，也有知难而退的一面，但是只要他们得到正确的引导和精心培养，就会懂得珍惜并学会把握这个最可贵的时机，把蓬勃的热情、强烈的求知欲望凝聚成探索知识的持久

① 李凤珍．少数民族地区高校开展艾滋病健康教育的意义及途径［J］．河池学院学报，2011（05）：121—123.

动力。中学生乐于模仿他们认可的行为和形象，特别是同龄人更能引起共鸣，而且这种共鸣和模仿学习的行为是自发的，只是需要一个诱因，而这个诱因就是“同伴教育”所带来的。

（三）如何寻找“同伴群体”

如果亲戚朋友家的孩子年长几岁，而且学业、生活习惯各方面都很优秀，就可以天然成为我们孩子的“同伴”，只不过父母可能潜在地担心对方的时间无法保证，也可能对方对于教育和影响他人所知甚少。另一个重要的“同伴”来源便是优秀的在校大学生。升入大学以后，他们的空闲时间相对充裕，同时思想和人格也更为健全，尤其是一些顶尖大学的在校学生。一方面他们是“过来人”，刚刚经历过中考、高考，在各个学科上有着丰富的方法和经验；另一方面他们也是孩子的“同龄人”，年龄差不过三五岁，拥有着相似的成长经历，更能和孩子成为朋友从而更融洽地进行沟通。

（四）同伴教育的特点

同伴教育的特点是尊重、平等、形式活泼和参与性强，其核心是交流，目的不是要教会别人什么，而是在彼此讨论之后得出解决问题的办法或者改变态度。同伴教育既可以采取群体游戏讨论的方式，也可以是一对一地聊天谈心。通过灵活轻松的游戏和自由深入讨论能使同学们坦然面对来自爱情、性、生命和成长中的各种挑战，在性和生殖健康方面做出安全的、负责任的决定，并在以后向其他同龄人传播所学到的知识。同伴教育所具有的这些特点使人们可以轻松地谈论同性恋、性行为、艾滋病预防等敏感话题，而不必担心受到权威、专家或成年人的评判，同伴之间更容易互相理解，形成情感共鸣，平等地分享经验、知识和信息。① 同伴教育得到普遍应用的依据如下：

① 马纳，郑伟俊主编．高校大学生同伴教育者参与式培训理论与实践［M］．昆明：云南人民出版社，2014：3.

①比其他方法成本低，效果更好；②同伴是信息的可靠来源；③能使受教育者获得进步；④它应用人们习以为常的分享知识和技能的方法，非常自然；⑤同伴在传授信息方面比专业人员更有优势，因为人们更认同他们的同伴；⑥同伴能充当正确行为的典范，影响受教育者；⑦同伴教育也会使同伴教育者自身受益；⑧能实现其他一些教育方法难以被接受的教育；⑨用来教育那些运用传统教育方法难以接近的人群；⑩同伴与受教育者的持续接触能强化对受教育者的影响。

六、参与式培训

（一）参与式培训的概念

目前主要从如下几个方面来理解参与式培训。

首先，参与式方法是指那些能够使个体参与到群体活动中，与其他个体合作学习的方法。参与式培训是在参与式的氛围中，使学员亲身体会主动、合作、探究学习的喜悦和困惑，以促成自身观念、态度和行为上的改变，并能将所学知识和方法运用于自己工作领域的各项活动中。参与式培训方法是指在培训中运用参与式方法，最大限度地调动学员的学习积极性，促使学员间交流经验和发挥学员潜力，使学员真正成为自己学习的主人。参与式方法在培训中的运用，包括明确培训目的、参与培训过程、实践培训内容、探究培训方法、反馈培训效果。

其次，参与式培训方法是每个参训人员都要参与交流及分享的培训方式。在参与式培训方法中，老师和学员是平等的，学员和学员之间是平等的，大家的参与机会也是平等的，因此大家在学习过程中自然大胆地阐述自己的见解、经验和困惑，极大地提高了参训人员的自信心和参与意识。这类方法的主要特征是：每个培训对象积极主动参与培训活动，从亲身参与中获得知识、技能和正确的行为方式。参与式培训以学习者为中心，融理念、知识于参与式活动中，强调学习者主动参与培训活动，充分关注学习者已有的知识和经验，让学习者通过活动，自主构建教材中所倡导的教育教学理念，感受到参与式教学的优越性。“以学习者为中心，以活动为主，平等参与”是培训的一个基本理念。通过培训旨在了解参与者的培训需求，使参与者熟悉参与式培训方式，了解参与式教学的含义和特点。

再次，参与式培训是个人首先通过参与某项活动获得初步参与，然后在培训师的指导下，与团队成员共同交流、分享个人参与并提升认识的培训方式。具体来说，参与式培训是这样一个过程：学习者通过在真实或模拟环境中的具体活动获得亲身感受，并通过与团队成员之间的交流达成共识，然后通过反思、总结提升为理论或成果，最后将理论或成果应用到实践中。培训师在培训过程中起着指导作用。在哲学的意义上，参与式培训经历了一个“从实践（个人的参与）到理论（包括个人的认识）再到实践（企业的具体活动）”的过程，这一过程也是产生真知的过程，正所谓“实践出真知”。参与式培训过程特别强调学习者的参与和感受；当然，实践不是目的，只是手段，只有通过团队成员共享成果并应用于实践，才是参与式培训的目的。

总之，参与式培训是培训者创设情境或给予材料，充分唤起参培教师已有经验和理论，在平等、合作、交流中自主探索和共同分享并生成新的经验和理论的一种教师培训方式。创造轻松愉快的学习环境，运用视觉、听觉等多种工具，引导学员进行思考、参与监测。

（二）参与式培训的基本理念

平等、合作、信任、尊重。平等参与，共同合作。参与式培训是一个系统的、互动的过程，所有参与培训的人都要平等地参与。

以参与者为主体和中心。不同的个体和群体对同样的事情通常有不同的看法。因此，培训者必须认识到每个人的观点都十分重要，应该让大家把观点都表达出来。这样不仅能起到推动社会民主的作用，而且能够拓宽大家的视野。

视参与者为资源拥有者。每个人都有自己的知识经验领域，从分享与反馈中可以增加彼此的沟通、了解、分担与合作。

参与式培训鼓励参与者调动自己已有的经验，在合作交流中生成新经验。因此，培训者事先要了解参与者的背景，他们对有关问题的经历和看法，以便在他们已有的经验的基础上提供新的信息，组织新的活动。任何培训内容和方式如果与参与者的日常生活没有联系，都不可能被他们所接受。因此，正如任何形式的学习一样，参与式方法培训也需要找到好的结合点，使参与者感到这种学习对他们来说是有意义的，是可以理解和接受的，或至少是会引起他们的重视和思考的。

新知识与领悟也可从分享与反馈中产生。不同的人有不同的处境、背景和立场，参与式培训鼓励一种开放的聆听精神。参与式培训的倡导者认为，学习本身是一种社会实践，是社会实践不可分割的一部分，是一项伴随着“忙碌与艰难选择”的活动，是由人、活动和世界相互作用的一个过程。学习不只是为了增加学习者的知识资本，而且是学习者自身加入变革的过程。无论是“陈述性知识”还是“程序性知识”都能够在学习中产生和被学习，知识和技能的获得与实践可以是同步的，即时发生的。因此，参与式方法培训特别重视培训的过程，因为过程本身能够引起参与者思考，思考能够改变他们的知觉以及为采取行动所做的准备。培训者在培训中鼓励参与者积极参与，这本身就有助于他们提高自尊和自信，树立改革的信心，进而采取行动来改变现状。

参与式注重“自下而上”地获取信息和信息的分享。参与式方法培训与以往的大班讲座培训是不一样的，特别强调在真实的情境下组织培训活动，激发参与者针对实际进行思考。培训的目的不是为参与者提供一些事实性知识，而是促使他们进行有意识的、高层次的学习，因此，培训中提出的问题应该具有思考价值和一定的开放性。

参与式中的观察、倾听、评价、交流体现实践性，头脑风暴、团队建设、小组互动具有强烈的创新性，另外还具有开放性、双向性、趣味性、反馈及时的特点。

（三）参与式培训的优势

第一，参与式培训充分体现了建构主义教学思想。一种学习方法的产生，有其深刻的教学思想基础。建构主义是行为主义发展到认知主义以后的进一步发展。建构主义教学思想认为，学习者是学习的主体，有效的学习需要从学习者的兴趣出发，从解决实际的问题出发，只有这样，学习者才能产生学习的动力。教师不是单向的知识传递者，其作用在于为学习者提供丰富的学习情境，帮助和指导学习者建构自己的经验并引导学习者从直接经验中学习。建构主义教学思想还鼓励教学信息的多方向流动，而不只是从老师到学习者的单向流动。可见，建构主义教学思想提倡的学习方法是教师指导下以学习者为主体的学习。反观参与式培训，无论是学习情境的设置、学习者以主体身份通过活动获得参与，还是培训的指导、团队成员之间的交流和最终成果的形成，都充分体现了建构主义教学思想的学习主体观、教师观、学习观和教学观。

第二，参与式培训直接来源于参与式学习理论。美国凯斯西储大学维德罕管理学院（该学院在《金融时报》2004 年最新百所商学院排名中处于第 84 位）的组织行为学教授大卫·库伯（David Kolb）于 20 世纪 80 年代初提出了参与式学习理论。他构建了一个参与式学习模型——参与学习圈：活动（参与）—发表—反思—理论—应用—活动（参与），依次循环。他认为，有效的学习应从参与开始，进而发表看法，然后进行反思，再总结形成理论，最后将理论应用于实践。这个理论已经成为很多培训模式和学习方式的核心理论，包括参与式培训。参与式学习理论对设计和开发终身学习模式有着深刻的影响；同时，对企业如何转变为学习型组织也提供了有益的启示。西方很多管理者认为，这种强调“做中学”的参与式学习，能够将学习者掌握的知识、潜能真正发挥出来，是提高工作效率的有效学习模式。

第三，参与式培训弥补了传统教学模式的缺陷与不足。参与式培训在本质上是一种培训，但它与传统教学模式在教学思想、教学方式以及具体实践等方面有着明显的区别。传统教学模式基于行为主义思想，而参与式培训基于建构主义教学思想；传统教学强调学习过去的知识，而参与式培训则强调即时的感受；传统教学讲究记忆，参与式培训讲究学习主体的领悟和体会；传统教学以接受程式化的知识为导向，参与式培训以分享总结经验、解决问题为导向；传统教学注重知识、技能，参与式培训注重观念、态度；传统教学以教师为中心，教师在整个教学过程中处于主导和控制地位，参与式培训以学习者为中心，培训师发挥指导作用；传统教育强调在课堂中学知识，参与式培训强调在具体的学习情境中通过参与来学习。两种不同的教学方式有着不同的结果。传统教学的“教”不一定导致“学”，更不一定产生“会”；而在参与式培训中，学习者通过具体情境中的活动获得参与，同时也感受到了学习的乐趣，有效促进了学习者高级认知能力的发展。可见，在参与式培训过程中，“教”是旨在通过提供学习情境、信息、游戏等方式，为学习者创造适合学习的外部条件和环境，其作用是产生“学习”；“会”是指学习者经过学习，在现实环境中能够应用学到的知识和技能，或者促使学习者的行为发生改变。参与式培训最终要实现这样的目的：通过改变学习者的态度和观念来开启学习者的所有潜能，并让他们将这些潜能运用到实际工作中，带来最优的个人绩效。

第四，参与式培训是学习管理知识和管理艺术的高效途径。与其他学科相比，管理专业的学习表现出三个明显的特征：①极其重视交互性强的参与式学习，这是由管理的科学性和艺术性特征决定的。②极其重视合作学习。管理工作与沟通密不可分，管理教育与合作学习也密不可分。③极其重视理论与实践的密切结合。参与式培训的团队交流与沟通、集体互助解决问题、把参与所得的理论运用于实践无疑都反映了管理专业学习的三个特征。为了实现管理专业的学习目的，参与式培训的课程都是针对企业的需求，根据企业内部存在的问题精心设计的。它整合了企业管理的理论精华，并将其巧妙地融入各个项目的实施过程中，让学习者在快乐的参与中领悟、检验并提升管理技能。参与式培训为学习者创造了一种全新的学习环境，学习者的管理理论在现实的模拟场景中得到了充分的应用；同时，通过培训师的引导，学习者也不断整合自己的知识，并迅速将其转化为行动。培训虽然没有直接给学习者灌输知识，但训练所引发的心灵感悟却让他们受用无穷。

第五，参与式培训有效地培养了积极的团队精神。现代企业在注重学习、努力把企业塑造为学习型组织的同时，其优秀的业绩越来越取决于工作团队的表现。参与式培训项目一般是以团队的形式完成的。它通过各种精心设计的活动，使团队成员在解决问题、应对挑战和相互交流的过程中实现“激发潜能，熔炼团队”的目的。所以，参与式培训对培养学习者的团队精神和合作意识、对改善人际关系、对形成积极向上的组织氛围和改进组织内部的沟通与信息交流等都大有裨益。①

七、社会工作

当前，我国已进入改革发展的关键时期，经济体制深刻变革，社会结构深刻变动，利益格局深刻调整，思想观念深刻变化。这种空前的社会变革，给我国经济社会的发展注入了巨大活力，但也由此带来一些新的问题，各种社会矛盾集中凸显，社会问题大量涌现，迫切需要大量社会工作人员协助党和政府做好化解矛盾、解决问题的工作。建设较高专业化水平的社会工作人才队伍，以加强社会管理，改进社会服务，已成为当务

① 马纳，郑伟俊主编．高校大学生同伴教育者参与式培训理论与实践［M］．昆明：云南人民出版社，2014：12—14.

之急。党的十六届六中全会通过的《中共中央关于构建社会主义和谐社会若干重大问题的决定》，提出了推进社会工作发展的迫切任务。构建社会主义和谐社会，离不开社会工作人才的有力支撑。

社会工作是一种帮助人和解决社会问题的公益性质的工作。旨在帮助社会上的贫困者、老弱者、身心残障者和其他不幸者；预防和解决部分因经济困难或生活方式不良而造成的社会问题；同时开展社区服务，完善社会功能，提高社会福利水平和社会生活素质，实现个人和社会的和谐一致，促进社会的稳定与发展。社会工作主要通过个案工作、小组工作、社区工作、行政工作等方法，使受助群体和个人摆脱精神上和物质上的障碍和困境，提高社会活动能力，实现自我发展。

（一）个案工作

在国内学者许莉娅主编的《个案工作》一书中介绍了颇具代表性的个案工作定义：①

（1）社会工作的先驱玛丽·里士满（Mary Richmond）1922年在她的《什么是社会个案工作》一书中强调，应通过个案工作来帮助案主发展人格。她认为："个案工作包含着一连串的工作过程，它以个人为着手点，通过对个人及其所处的环境作有效的调整，以促进其人格的成长。"这是个案工作的最早期的定义。

（2）美国社会工作学者鲍尔斯（Swithum Bowers）强调艺术与科学是个案工作的重要元素。他在1949年发表的《社会个案工作的性质与定义》（The Nature and Definition of Social Casework）论文中认为："个案工作是一种艺术，这种艺术以人际关系的科学知识和改进人际关系的专业技术为依据，启发与运用个人的潜能和社区的资源，促使案主与其所处环境之间有较佳的适应关系。"鲍尔斯不仅强调要协助案主适应环境，也揭示

① 许莉娅主编．个案工作［M］．北京：高等教育出版社，2004：2—4.

了科学化的人际关系知识及技巧是服务的基石。鲍尔斯的定义曾被认为是最具代表性的定义。

（3）美国社会工作者协会 1965 年出版的《社会工作百科全书》将个案工作界定为：“个案工作所注重的不是社会问题本身，而是‘个案’，尤其注重为社会问题所困或无法与社会环境或关系圆满适应的个体或家庭。个案工作的目的是在于帮助人与人或人与环境的适应遭遇困难的个人及家庭，恢复、加强或改造其社会功能。”

（4）美国社会工作学者斯莫丽（Ruth E. Smalley）1967 在她的《社会工作实务理论》一书中提出：“个案工作是一种（社会工作）方法，这种方法通过一对一的（专业）关系，促使案主运用各种社会服务，以增进个人和一般（社会）的福利。”这是功能派个案工作的代表定义。

（5）美国哥伦比亚大学学者霍利斯（Florence Hollis）1972 在她的《个案工作：一个心理社会模式》中特别强调案主问题的产生原因是同时受到个人内在心理和外在环境因素影响，提出：“个案工作是一种心理暨社会调适方法，个人社会功能的丧失或不良是因同时受到案主本身内在心理和外在社会环境的影响，所以，个案工作应致力于个人内在需要的满足和个人社会关系的协调。”这是心理暨社会学派关于个案工作的定义。

（6）我国台湾地区著名学者廖荣利曾在他的《社会工作学》里引用了斯莫丽、霍利斯等人关于个案工作的定义，并于 1973 年在他的《社会个案工作》一书中归纳总结概括了一个定义：“个案工作是社会工作者对待助的个人或其家庭为入手的一种助人方法，其目的在于协助个人或其家庭处理困难和问题，预防原有的困难和问题的再发生，以及协助个人及其家庭的潜能的发展，以促进个人、家庭、团体和社会的福利。”

（7）1994 年 5 月出版的《中国社会工作百科全书》在研究总结既有定义基础上，对个案工作做了如下概括：“社会个案工作是社会工作中的一种基本方法，单以个别方式，对感受困难、生活失调的个人或家庭（案主）提供物质帮助、精神支持等方面的服务以解决他们的问题，增强其社会适应能力。”

（8）北京大学马凤芝1999年在王思斌主编的《社会工作概论》中对个案工作的界定为：“个案工作是由专业社会工作者运用有关人与社会的专业知识和技巧为个人和家庭提供物质或情感方面的支持与服务，目的在于帮助个人和家庭减低压力，解决问题，达到个人和社会的良好福利状态。”比较于以前的定义，这则定义特别强调了个案工作的专业性，强调从事个案工作的人员必须是专业的社会工作者。

许莉娅指出，这些定义固然抓住了个案工作的内容目的与方法，但却忽视了对价值理念层面的把握，因此她强调个案工作是专业工作者遵循基本的价值理念、运用科学的专业知识和技巧、以个别化的方式为困难的个人或家庭提供物质和心理方面的支持与服务，以帮助个人或家庭减低压力、解决问题、挖掘生命的潜能，不断提高个人和社会的福利水平。

个案工作遵循的原则主要包括：①个别化原则；②接纳原则；③承认的原则；④理解关怀的原则；⑤非评判的原则；⑥案主参与及自决的原则；⑦保密性原则。

个案工作的主要工作模式包括：心理与社会治疗模式、行为修正模式、人本主义治疗模式、结构家庭治疗模式、危机干预治疗模式、叙事治疗模式等类型。

（二）小组工作

小组工作也称社会团体工作，简称团体工作，是社会工作三大直接服务方法之一，“它通过团体动力过程和团体工作者的协助，使参与团体的个人获得行为的改变、社会功能的恢复与发展，并达成团体目标及社区发展，进而促进整体社会繁荣”。小组工作是继个案工作之后于20世纪30年代开始发展起来的一种工作方法，它在20世纪40年代被美国社会工作者协会（NASW）接纳为一种专业工作方法，是社会工作三大方法的支柱之一。

小组工作遵循的原则主要体现在认可每一个人独特性及行为多样性，真诚地接纳每一个人，建立有目的的专业助人关系，鼓励及促进小组之间实现有益的合作，促使小组成员投入参与解决问题的过程中，为小组成员提供各种机会，明确地运用各种小组工作技巧，促进小组工作的进程，持续地评估小组，热忱、人道与严于律己，为服务对象保密等方面。

小组工作的本质主要体现在三个维度上：在发展的目标上，提供社交和娱乐的机会，促进个人的社会化和全面发展。在治疗的目标上，矫治不恰当的人格、行为与态度，提供解决特定问题的信息和途径，恢复与发展个人的社会功能。在社会行动目标上，旨在通过团体实现特定的社会目标。总之，社会团体工作就是通过专业的社会团体工作人员创设需要的社会团体，并用专业知识与技术指导团体活动，以实现上述的部分和全部目标。

小组工作的模式主要包括四大模式：①社会目标模式。社会目标模式主要运用于发展的项目或领域，其注重的是社会责任和社会变迁，强调培养公民的社会责任、社会参与和社会行动的能力。②互惠模式，也称交互模式，是基于人与环境和人与人之间的关系而建立的一种小组模式，旨在通过组员之间、组员与小组及社会环境之间、小组与社会环境之间的互动关系，促进组员在小组这个共同体的相互依存中得到成长，增强组员社会功能，提升其发展能力。③治疗模式。治疗模式是一种社会治疗或社会康复模式，旨在治疗和解决个人的社会问题，改变个人社会行为。治疗模式是结合精神医学、心理学和社会学的运用，具有独特的理论与技术，主要针对一些行为失范或有特定问题的人群，如病人、吸毒人员等。④发展模式。发展模式亦称过程模式或发展性小组模式，旨在解决和预防服务对象社会功能的衰减问题、恢复和发展服务对象的社会功能。这一模式的应用范围极其广泛，如各种困难人群、面临危机的人群以及寻求更大自我发展的人群等等。

（三）社区工作

社区工作是社会工作的一种，也是社会工作的三大传统方法（个案工作、小组工作和社区工作）之一。它既是一项事业，也是一个专业、一门艺术。社区工作者面对的是整个社区的居民，要求通过专业的技巧和方法对社区事务和人际关系进行有效有序的协调，使社区保持健康的状态和良性发展。Kramer & Specht（1983）认为，社区工作是透过工作者使用各种工作方法，去帮助一个社区行动系统，包括个人、小组及机构，在民主价值观念的指引下，参与有计划的集体行动，以解决社区内的社会问题。工作目标是改变环境及机构的条件，它包含两个过程：第一是社会政治过程；第二是技术作业过程（问题分析与解决阶段）。

社区工作的工作模式、特点及其在中国的适用性如下。

（1）社区发展模式，是指通过调动社区居民的参与、互助合作，再加上上级政府和外界机构组织的协助和支持，动员社区内外资源，解决社区问题，满足居民需求的一种工作模式。该模式强调的是居民的参与和合作沟通，注重居民在参与社区发展过程中的个人能力、公共意识和社区归属感的培养，而不仅仅是社区物质环境的建设。

社区发展模式的特点：该模式起源于发展中国家的农村发展，之后被发达国家的城市社区工作借鉴，成为世界上促进社区发展和开发的主要模式。该模式对社区硬件环境建设和社区中的人的发展双重目标并重，而且认为社区发展中人的能力提高、公德意识培养、社区归属和认同感的培养比简单的物质环境的建设更重要。该模式所用的工作思路基本上是引导居民参与，和各级各个相关部门的沟通协调，通过协作来解决社区问题，尽量化解矛盾，不太注重冲突和抗争。该模式因为强调人的发展是第一位的，所以工作开展起来难度较高，不像简单的社区物质环境建设，只要有钱就可以。但是也正因为如此，其工作成效才会更加持久，也才会更有利于基层民主的建设和培养。中国社会有着和谐共识的传统文化基础，注重乡土意识和邻里互助，又加上中国政府对基层社区高度重视，并重视居民自治的基层民主建设，这些都是适合社区发展模式的有利条件。当然，因为我国传统的高度统一的单位制组织结构还未转化为功能分化的多元组织结构，政府部门习惯于对基层社区下命令，实行行政领导，又加上市场经济机制的扩大，影响到居民关心参与社区公共发展的态度。

（2）社会策划模式，是指借助专家和外界权威机构对社区进行科学和理性的调查研究，选出一个最优的工作计划，通过自上而下的安排，组织执行计划来解决社区的问题和满足居民需求。

社会策划模式的特点和缺陷：强调科学和理性的规划，忽视社区发展中的居民的深度参与和能力开发；视社区的发展为一个有计划的社会变迁，对社会发展的自主性和多元性认识不足；采用的是自上而下的工作方向，专家与社区居民的关系是控制和被控制的关系；工作方式多是行政安排和组织工作的方式，避免自发冲突；关注社区整体的结构和功能建设，忽视社区中居民个体的能动性。

当代中国正在由计划经济体制向社会主义市场经济过渡。在市场经济中，市场是基础机制，计划是宏观调控机制，计划引导市场。在很大程度上，中国其实仍然是比较强调计划在社会发展中的作用的。另外，中国社会的转型主要是在经济领域，在社会和政治领域仍然保留自上而下的行政性领导，这也和社会计划模式下的工作方向和方法相一致。但是中国的市场经济体制改革以及政府财力的下降导致的政府调控力度降低，不能为社会计划模式的运用提供相应的经济基础。这正是中国社区服务提出的靠营利性服务养福利性服务的发展方式的社会背景，也是中国在社区建设中强调以社区为本的社会管理体制的重建的社会基础。

（3）社会行动模式，是指发动社区居民组织起来，针对社区中存在的社会问题，采取结构主义的分析视角和行动方向，通过对抗性策略来维护弱者的利益，改变社会结构和制度，促进社会更加公平、民主和正义。

社会行动模式的特点：关注社会公平、民主和正义等价值理念，反对功能和谐论的社会观念以及适者生存的社会达尔文主义；虽然是结构主义的分析视角和行动方向，但是采取的却是冲突和斗争行动策略；把矛盾和冲突理解为社会发展的动力，而不是把结构平衡理解为社会发展的动力；认为个人问题是社会结构和制度造成的，避免谴责个人。

中国社会正处在结构转型和制度转轨的大变革时期，必然带来很多社会问题，所以结构主义的分析视角在中国是比较贴切的。但是中国的基本大局是改革、发展和稳定，稳定是压倒一切的社会政策基础，要求各项工作都要服从大局。加上中国的社会管理体制正在由传统的单位管理体制向以社区为本的管理体制转变，把社区作为社会管理的基础，强化管理，既反对社会冲突和矛盾引发，但又要求以社区为本来解决社会变革带来的社会问题。如何做到二者的平衡，是对中国社区工作者的挑战。

（四）社会工作的基本功能

社会工作的基本功能是通过专业助人活动调动个人潜能，促进资源的合理配置和利用，满足服务对象的基本需求，帮助服务对象摆脱各种困境，从而有助于解决社会问题，维护社会稳定和秩序，促进社会公平正义。社会工作首先追求服务对象功能的实现，进而促进整个社会功能的实现。

1. 服务对象层面的功能

对社会工作服务对象来说，社会工作的功能如下。

（1）满足基本需求。人生活在社会中，为了维持生存、发展、享受和从事各种社会活动，必然要依赖各种外部条件，获得这些条件的愿望反映在人们的愿望和行动中，就表现为各种各样的需求。这些需求既来自人的生物性本能，也来自人类生活的社会性，并伴随人的成长、低级需求的满足而不断发展出多样化的高层次的需求。在人的需求中，某些基本需求是必须要保证得到满足的，否则，很难维持个人最低生活状态。基本需求包括生活资料供应、健康、就业、住房、教育及服务等方面的最低需求标准，这首先应该通过个人的劳动来得以满足。但是，当个人因为种种原因而受到限制不能满足的时候就应该得到社会的帮助，使他们获得必要的资源，满足其基本需求。其中社会工作者对此负有专业和职业责任，社会工作者需要在现行国家福利框架体系内寻求和整合资源来支持他们，帮助他们满足基本需求。

（2）缓解危难与困境。因个人或社会原因致使个人身体或者心理受到严重伤害，影响个人的基本生活，损害个人社会生活能力，致使其自身生存受到威胁，影响其正常社会生活以致个人生存发展遭遇危机的各种情景或者状态都可以成为危难或困境。每个社会成员都会遇到各种危难和困境，人类生命不同发展阶段有不同的任务，面临不同的社会环境等都会遇到不同困难。其中很多困难都是一般性的，依靠当事人自己及其家庭、亲友就可以解决。但是，其中一些严重的困难，也就是危难或困境靠个人及其家庭、亲友不可能解决，必须要通过社会工作者的协助才有可能解决。社会工作者由于其专业性及其对受助者的尊重、保密等承诺，他在解决有关个人困境，特别是其不希望他人知晓的问题方面发挥着重要作用。社会工作的一项重要任务就是为困难群体缓解压力、解决困难，使他们恢复正常社会生活。

（3）提升个人潜能。社会工作尊重人，认为人是有潜能的，并把充分挖掘个人潜能、帮助服务对象实现自身发展视为社会工作的目标。社会工作强调助人自助，这主要是通过向服务对象提供帮助，促进服务对象发挥其自身潜能和能力，达到自身可以解决困难、面对生活的困境而实现的。社会工作相信个人潜能，这种潜能可能因社会成员角色不同、面对问题不同而有差异。但是，人们在一定程度上有一定能力来回应他所遇到的困难，而社会工作的目的之一就是发现这些潜藏在个人身心中的潜能，强化这些潜能，使服务对象在得到帮助时能够增加自己面对困难的能力和勇气，从而更好地提升自己，走出困境，回归正常社会生活。

2. 整体社会层面的功能

对整体社会来说，社会工作的功能主要如下。

（1）解决社会问题。从社会工作产生发展历史来看，社会工作是伴随工业化带来的诸多社会问题而产生的，是解决失业、贫困等社会问题的制度安排。社会问题是指源于社会因素，违背人们愿望，影响大多数人的社会生活，需要调动社会力量去解决的问题。伴随社会变迁，人们认识能力的提升，新的社会问题不断出现。而社会工作的目标之一就是要解决这些问题。社会工作者秉持专业价值伦理，用专业方法介入社会生活，解决个人、家庭、团体、社区等方面的问题，帮助服务对象提升自身能力，解决和预防社会问题。社会工作者在解决社会问题的过程中更重视社会原因，致力于通过倡导社会政策来改变社会资源有限、社会资源分配不公、社会制度不健全等原因造成的社会问题。

（2）维持社会秩序。社会由不同的群体构成，各个社会阶层之间，以及不同地域、年龄、性别、种族，尤其是不同职业等社会群体之间在不断发生着各种联系和互动关系。各个群体之间存在利益冲突和矛盾，但是要维持社会秩序，必须协调各个群体和阶层之间的相互关系，将冲突和矛盾控制在一定限度内。为此，每个社会都需要制定制度，使得个人、阶层、组织等的行动都具有一定规则，当他们都按照既定规则行事时，就能保证社会的稳定和秩序。如果出现对社会规则的背离时，则需要进行社会控制，使得人们按规则行动。社会工作是柔性社会控制的重要机制安排，它通过解决困难群体的实际问题，引导他们在规则许可的范围内行动，来获取制度许可的帮助和资源。更重要的是问题的解决可以减少因问题激化而可能产生的对社会稳定的冲击，从而有助于社会秩序稳定。

（3）促进社会正义。社会正义是指根据社会价值观念，在物质、非物质资源配置方面所应具有的正当状态。社会正义更多和国家社会福利制度相联系，这意味着社会福利更多地向社会弱势群体、困难群体倾斜，满足他们的基本需求，并创造机会来增强其社会参与，使其分享社会发展成果。在社会现实中，由于多种原因，弱势群体常常被排斥在正常社会生活之外，不能享受应有的政治、经济权利，有的人连基本生活也难以满足。促进社会正义是社会工作的基本价值观念，社会工作者相信人是有尊严的，不论年龄、性别、种族、职业等差异，人与人之间是平等的，人们应该公平地享受社会发展、社会进步的成果。为了促进社会正义，社会工作者从多个方面为弱势群体提供服务，包括：为困难群体提供帮助，增强他们参与社会生活的能力；促进社会制度改良，为困难群体、弱势群体参与社会生活提供更多机会等。①

八、志愿者与志愿服务

（一）志愿者

1. 志愿者含义

联合国将其定义为“不以利益、金钱、扬名为目的，而是为了近邻乃至世界进行贡献的活动者”，指在不为任何物质报酬的情况下，能够主动承担社会责任并且奉献个人的时间及精神的人。

就中国的具体情况来说，志愿者是这样定义的：“在自身条件许可的情况下，在不谋求任何物质、金钱及相关利益回报的前提下，合理运用社会现有的资源，志愿奉献个人可以奉献的东西，为帮助有一定需要的人士，开展力所能及的、切合实

① 孙建春主编．社会工作［M］．北京：中国社会出版社，2009：5—8.

际的，具一定专业性、技能性、爱心性服务活动的人。”

2. 志愿者的精神

（1）奉献精神。奉献指恭敬地交付、呈献，即不求回报地付出。奉献精神是志愿服务精神的精髓。志愿者在不计报酬、不求名利、不要特权的情况下参与推动人类发展、促进社会进步的活动，这些都体现着高尚的奉献精神。

（2）友爱精神。志愿服务精神提倡志愿者欣赏他人、与人为善、有爱无碍、平等尊重，这便是友爱精神。

（3）互助精神。志愿服务包含着深刻的互助精神，它提倡“互相帮助、助人自助”。志愿者凭借自己的双手、头脑、知识、爱心开展各种志愿服务活动，帮助那些处于困难和危机中的人们。志愿服务者以“互相帮助”精神唤醒了许多人内心的仁爱和慈善，使他们付出所余，持之以恒地真心奉献。“助人自助”，帮助人们走出困境，自强自立，重返生活舞台。

（4）进步精神。进步精神是志愿服务精神的重要组成部分，志愿者通过参与志愿服务，自己的能力得到提高，同时促进了社会的进步。在志愿活动中无处不体现着进步的精神，正是这一精神使人们甘心付出，追求社会和谐之境的实现。

3. 志愿者的行为动机

从社会的角度来看，青年志愿者无须物质报酬，把个人的时间和精力贡献于志愿服务活动，优化了社会福利事业，促进了社会进步与人类发展。从服务社会的层面看，青年志愿者参与志愿服务的动机有：①利他动机。青年志愿者参加志愿活动的主要动机是利他动机，青年人参加志愿服务组织，义务提供志愿服务，在为他人提供帮助的过程中，享受志愿服务带给自身的快乐，志愿服务使得他们感受到工作和学习之外的生活更加充实，体验帮助别人之后带来的愉悦和满足感。②社会化动机。受社会化的影响，人们把自己的行为动机融入社会价值体系之中，认为社会角色包含志愿者角色这一部分，自己有责任参加志愿者组织。③期望动机。人们提供志愿服务，是期望通过自己的奉献优化社会风气。

从志愿者个人的角度而言。在服务社会的同时，青年志愿者加入志愿服务组织也可以获得个人心灵上的成长和满足感。从个体发展的层面看，青年志愿者参与志愿服务的动机包括：①需求层次动机。根据马斯洛需求层次理论，人类在满足了生理需求、安全需求这些基本需求之后，还有较高层次的自我实现的需求，志愿服务使志愿者在服务过程中感受自我能力的提升，给志愿者带来内心的成就感。这也是大多数人加入志愿服务组织，为社会提供志愿服务的动机。②交换动机。人们参加志愿服务组织，是为了获得爱、成就感的满足，当他们认为志愿者团体使他们收获的个人成长大于投入的时间和精力成本时，他们就更愿意成为志愿者。③人群资本动机。从投资学的角度看，加入志愿者服务组织可以让青年志愿者学到更多人际沟通的技巧，收获更加和谐的人际关系。④效用最大化动机。“效用”在经济学中指最大化地利用资源，青年人感到参加志愿服务活动能够实现个人效益的最大化，所以愿意将时间和精力用在志愿服务上。

综合以上动机来看，志愿者参加志愿服务，把志愿服务当作一种兴趣和放松休闲的方式，在助人的过程中，体验到满足感和成就感，是志愿服务的一种最佳状态。

4. 志愿人员日

1985 年 12 月 17 日，第四十届联合国大会通过决议，从 1986 年起，把每年的 12 月 5 日定为“国际促进经济和社会发展志愿人员日”（International Volunteer Day for Social and Economic Development，简称：国际志愿人员日）。其目的是敦促各国政府通过庆祝活动唤起更多的人以志愿者的身份从事社会发展和经济建设事业。

（二）志愿服务

对于志愿服务（Volunteer Service）的界定，国内外学者有着不同的理解。美国学者 Barker 认为志愿服务是为追求公共利益而提供的服务，① 强调对公共利益的追求，而对其服务的性质和特点并没有作具体规定。英国学者 Bills 和 Harris 将其定义为一种有组织的利他行为，② 强调志愿服务的社会动机，而对志愿服务过程和行为也没有更多说明。而另一位英国学者 Dunn 更进一步对志愿服务进行了界定，认为志愿服务是出于社会公益责任的自愿行为，具有无偿利他、非强迫参与等特点，表达的是人与人之间互动及社会文化、民主与经济发展的过程，③ 比较全面地界定了志愿服务的性质、特点和功能，对志愿服务作了相对完善的定义。

国内学者丁元竹等将志愿服务界定为任何人自愿贡献个人时间和精力，在不为物质报酬的前提下，为推进人类发展、社会进步和社会福利事业而提供的服务。④ 李凯将志愿服务界定为：利用个人的时间、技能、资源与善心，为邻居、社区和社会提供非营利、无偿、非职业化援助的行为。⑤ 莫于川将志愿服务定义为：不以营利为目的，基于利他动机，自愿、无偿地贡献知识、体能、劳力、经验、技能及时间等，以增进他人福利、提升个人价值、促进社会和谐与进步的服务活动。它源自于慈善，但提供的主要是非金钱的帮助。⑥

联合国志愿人员组织把志愿精神理解为“一种在自愿的，不计报酬或收入条件下参与推动人类发展、促进社会进步和完

① Barker, R. L . The Social Work Dictionary. New York: National Association of Social Work, 1998: 348.

② Bills, D. & Harris, M. Voluntary Agencies: Challenges of Organization and Management. London: Macmillan Press Ltd, 1996: 287.

③ Dunn, P. C. Volunteer Management. In Encyclopedia of Social Work (19th), 1995: 2843—2490.

④ 丁元竹，江汛清．志愿活动研究类型、评价与管理［M］．天津：天津人民出版社，2001：1—10.

⑤ 李凯．志愿者组织建设管理规范与志愿者招募、选拔、培训及服务保障运行实务全书［M］．北京：中国青年出版社，2008：742.

⑥ 莫于川．中国志愿服务立法的新探索［M］．北京：法律出版社，2009：9.

善社区工作的精神”，它是公众参与社会生活的一种重要方式，是“个人对生命价值、社会、人类和人生观的一种积极态度”。联合国教科文组织对志愿服务的定义是：“志愿服务是一种利他行为，是指人们在正式（非私人）场合中，在一段时间内自愿、无偿地贡献自己的时间和专业技术。对志愿服务，人们要进行实务的考量和安排，比如志愿者维持生活所需的费用、交通费以及安全问题。”①

结合相关定义，我们认为志愿服务是一种在志愿精神感召下志愿开展的无偿的社会公益服务。其主要包括四个含义：是一种由内在价值支持的活动；自愿开展服务；具有非营利性性质的服务；是一种社会公益服务。总之，志愿服务是志愿者将志愿精神内化为志愿行动过程的活动。

九、生命教育

（一）生命教育的提出

当美国学者杰唐纳·华特士于1968年首次提出生命教育的思想时，他所创立的生命教育理念就受到了人们的高度重视。几十年来，生命教育的实践在全球已得到迅速发展。从美国学者在加州创建阿南达村、阿南达学校，倡导和实践生命教育思想；到日本1989年所修改的新《教学大纲》中针对青少年自杀、污辱、杀人、破坏自然环境、浪费等现象日益严重的现实，提出“以尊重人的精神”和“对生命的敬畏”之观念来定位道德教育的目标；再到我国台湾、香港地区的中小学系统地开设与此相关的生命教育课程，生命教育越来越受到人们的重视。国内其他地区虽然在这方面较为滞后，但可喜的是有识之士已经开始关注这一问题，2010年7月29日，国家教育部正式公布实施的《国家中长期教育改革和发展规划纲要》（2010—2020年），在战略主题中明确提出了要“学会生存生活”，要“重视

① 佘双好主编．志愿服务概论［M］．武汉：武汉大学出版社，2013：5.

安全教育、生命教育、国防教育、可持续发展教育。促进德育、智育、体育、美育有机融合，提高学生综合素质，使学生成为德智体美全面发展的社会主义建设者和接班人”。可见，进行生命教育已成为国家教育发展的战略决策。那么到底什么是生命教育呢？人力资源与社会保障部中国就业培训技术指导中心于2012年5月推出的职业培训课程“生命教育导师”中指出：生命教育，即是直面生命和人的生死问题的教育，其目标在于使人们学会尊重生命、理解生命的意义以及生命与天人物我之间的关系，学会积极的生存、健康的生活与独立的发展，并通过彼此间对生命的呵护、记录、感恩和分享，由此获得身心和谐、事业成功、生活幸福，从而实现自我生命的最大价值。

（二）生命教育的意义

生命教育既是一切教育的前提，同时还是教育的最高追求。因此，生命教育应该成为指向人的终极关怀的重要教育理念，是在充分考察人的生命本质基础上提出来的，符合人性的要求，它是一种全面关照生命多层次的人本教育。“生命教育不仅只是教会青少年珍爱生命，更要启发青少年完整理解生命的意义，积极创造生命的价值；生命教育不仅只是告诉青少年关注自身生命，更要帮助青少年关注、尊重、热爱他人的生命；生命教育不仅只是惠泽人类的教育，还应该让青少年明白让有生命的其他物种和谐地同在一片蓝天下；生命教育不仅只是关心今日生命之享用，还应该关怀明日生命之发展。”①

（三）生命教育的原因

1. 开展生命教育是提升整体国民素质的基本要求

青少年学生是社会主义事业未来的建设者和接班人，青少年学生的生命质量决定着国家和民族的前途与命运。在中小学

① 文小勇，杜韧战，桂国强．生命教育让学生享受生命快乐［J］．基础教育参考，2012（6）：39.

大力开展生命教育，有利于提高广大青少年学生的生存技能和生命质量，激发他们树立为祖国的繁荣富强而努力学习、奋发成才的志向；有利于将中华民族坚韧不拔的意志熔铸在青少年学生的精神中，培养他们勇敢、自信、坚强的品格；有利于提高广大青少年学生的国际竞争意识，增强他们在国际化开放性环境中的应对能力。

2. 开展生命教育是社会环境发展变化的迫切要求

经济全球化和文化多元化的发展趋势，现代科技和信息技术的飞速发展，为不同民族、不同文化的交流与合作提供了有利条件，为广大学生获取信息、开阔视野、培养技能提供了宽广的平台，但随之而来的消极因素也在一定程度上影响了青少年学生的道德观念和行为习惯，享乐主义、拜金主义、极端个人主义等的负面影响，导致部分学生道德观念模糊与道德自律能力下降。此外，校园伤害、意外事故等威胁青少年学生人身安全的各种因素，也一定程度上影响了青少年的身心健康。因此，迫切需要培养青少年形成科学的生命观，进而为学生树立正确的世界观、人生观和价值观奠定基础。

3. 开展生命教育是促进青少年学生身心健康成长的必要条件

现代社会物质生活的日益丰富和社会环境的纷繁复杂，使青少年学生的生理成熟期明显提前，极易产生生理、心理和道德发展的不平衡现象。长期以来，由于生理发展过程中出现的困惑常常得不到及时指导，对无法预料且时有发生的隐性伤害往往难以应对，导致一些学生产生心理脆弱、思想困惑、行为失控等现象。因此，需要积极引导学生科学理解生理、心理发展的规律，正确认识生命现象和生命的意义。

4. 开展生命教育是家庭教育的重要职责

家庭教育是生命教育必不可少的环节和重要组成部分。当前，现代化进程的迅速推进，使家庭教育面临着新的挑战，家庭教育还存在和青少年成长需要不相适应的方面，相当一部分家长不了解青少年学生身心发展的规律，忽视青少年渴望得到理解与尊重的需求，缺乏科学的家庭教育理念和方法，对孩子或者期望值过高，或者漠不关心，或者过分包揽，或者放任自流，加剧了部分青少年学生心理问题的出现，如厌学、离家出走、自杀等，有的甚至走上违法犯罪的道路。因此，迫切需要引导家庭开展科学、正确的生命教育。

5. 开展生命教育是现代学校教育发展的必然要求

学校现有课程教材中的生命教育内容比较单一，对学生身心发展的针对性、指导性尚不明确；对学生生存能力的培养，缺乏有效的操作性指导；部分教师受传统观念影响，对青少年性生理、性心理、性道德发展的理解和指导存在观念上的误区；对校内外丰富的生命教育资源缺乏系统有机的整合。因此，必须加快学校教育的改革，从生理、心理和伦理等方面对学生进行全面、系统、科学的生命教育，引导学生善待生命，帮助学生完善人格、健康成长。

中篇　培训设计篇

内容纵览：本部分共包含对五大主题的培训设计，包括参与式培训、志愿者培训、生命教育培训、同伴教育培训、小组工作。其中对每一个主题下该工作模式与方法进行了详细培训设计。如参与式培训单元，主要是帮助培训者理解和运用参与式培训的方式与方法，对参与式培训相关知识与方法进行培训与指导。

培训设计主要采用参与式培训设计的基本原则，并综合运用社会工作专业小组工作方法进行设计。在每节培训中对培训的目的、内容进行了仔细斟酌，并在相关章节设计中加入典型案例，用以指导教师、家长以及同伴教育员开展必要的大学生青春健康服务与行动计划。

此外，为了便于实践者理解培训内容和实际操作，在培训设计中增加了附件，用以对培训过程需要的基本知识原理以及采用的策略与方法进行补充。

第一单元 参与式培训

<table>
<tr><td colspan="4">参与式方法与技巧培训
培训的主题：参与式方法与技巧
培训的目标：促进志愿者学习和掌握参与式培训的理念、方式、方法与策略
培训的主要内容：参与式培训的基本理念、原则、方法与技巧及其具体运用
培训的时间：145 分钟
培训对象：青春健康与艾滋病防治教育志愿者（30 人）
培训的方式：参与式培训
所需的材料：白纸、卡片、胸牌、签字笔等
培训设计人：刘芳</td></tr>
<tr><td colspan="4">具体培训过程与计划</td></tr>
<tr><td>环节步骤（主题）</td><td>目　的</td><td>具体内容与过程</td><td>所需时间</td></tr>
<tr><td>一、热身</td><td>破冰游戏</td><td>大象·观音·船长
培训员以“大象”“观音”“船长”为口号，随意使用，其他组员在最短的时间内，找到伙伴并摆出造型，三个人为一组</td><td>10 分钟</td></tr>
</table>

续　表

二、自我介绍	促进彼此相互认识，引入主题	1. 采用“击鼓传花”方式，让组员介绍自己的姓名、学校、爱好、家乡 2. 主持人介绍培训的主题与内容	10 分钟
三、制定小组契约	共同探讨小组契约，为后续活动提供保障	分组讨论小组契约，全体讨论和表决，确定小组契约；按照“苹果、梨、香蕉”报数，进行分组讨论，讨论参与培训中对彼此的行为期待和工作规则，最后是小组呈现，主持人进行归纳总结，并在全体组员面前进行举手表决	15 分钟
四、参与式培训方法的介绍	促进学员了解和掌握参与式培训的基本理念、方法与技巧	主持人采用传统讲授、头脑风暴、小组讨论等方式对参与式培训方法的概念、基本理念、特点、与传统讲授法的区别、参与式培训的作用、参与式培训的主要方法与策略等内容进行培训	100 分钟
五、组员反馈与活动总结	评估	了解组员对培训知识的接受程度，以及满意度，并对组员的疑问进行解答与反馈，总结活动	10 分钟

续　表

本次培训评估方式与方法： 过程评估与结果评估相结合，充分利用组员参与过程的记录资料，结束后填写反馈表
附件： 参与式培训方法介绍 一、参与式培训方法的概念 ○“参与式方法”是指那些能够使个体参与到群体活动中，与其他个体合作学习的方法。它是在参与式的氛围中，使学员亲身体会主动、合作、探究学习的喜悦和困惑，以达到自身观念、态度和行为上的改变，并能将所学知识和方法运用于自己工作、生活中的培训活动 ○在参与式培训中，最重要的因素是人，即培训者和参与者。与传授式的培训方式相比，参与式培训对于培训者的角色有较高要求。特别是组织引导活动的能力，因为它更加强调成员的能动性、自主性和人际互动性以解决实际问题。在这样一种开放、互动的学习场景中，如何有效地开展人际互动，提高学习活动效率是培训者引导能力的重要体现。参与者从原来听讲的培训者，转变成需要贡献智慧与信息的学习者，从原来的学习活动的被动者转变为学习活动的主动者。要真正做到这一点，培训者的组织和促进非常重要。首先，培训者和参训者都是参与者，要以平等身份参与到小组活动中，通过交流，激发参训者充分运用自己的智慧、知识和能力解决问题。其次，培训者的作用在于支持、鼓励、引导和促进参训者的学习，培训者要善于在参训者原有经验的基础上，提出有针对性的关键问题，引发大家思考和进行观点的碰撞与交锋，促进参训者通过主动建构获得新的理论观点与实践策略 二、参与式培训方法的基本理念 ○培训员与学员之间的关系体现平等、合作、信任、尊重 ○整个培训过程以学员为主体和中心 ○视学员为资源拥有者，每个人都有自己的知识经验领域，从分享与反馈中可以增加彼此的沟通、了解与分担、合作

续　表

○新知识与领悟也可从分享与反馈中产生。不同的人有不同的处境、背景和立场，鼓励一种开放的聆听精神

○参与式注重“自下而上”地获取信息并分享

三、参与式培训方法的基本特点

○实践性：学员通过观察、倾听、评价、交流等方式温习以往的实践内容，并将所学习的新知识用于培训过程中

○创新性：通过头脑风暴、团队建设、小组互动等方式，产生新信息、新观点、新知识、新方法、新技巧

○另外还具有开放性、双向性、趣味性、反馈及时性的特点

四、参与式培训方法与讲授式培训方法的比较

项　目	讲授式培训方法	参与式培训方法
知识	培训者给受训者	共同对话、生成
学员	被动的“容器”	发现者、贡献者、建构者
学习动力	外部压力	内在动力
目的	传授信息、知识	促进体验、互动和反思
关系	无或少人际关系	多人际交往、理解
假设	专家是权威	人的需要多样、多元
学习方法	方法单一（以讲授为主）	方法多样（采用小组讨论、案例分析、角色扮演等，而以讲课为辅）
学员角色	依赖性强、被动学习	独立性强、主动学习
培训员角色	提出问题及解决问题	帮助学员探索问题

五、参与式培训的作用

○为所有人提供一个安全的环境发表意见

○了解不同人、人群的看法和所关心的问题

○使不同的意见和看法可以相互交锋，产生思想上的火花

续 表

○为不同群体互动提供机会，了解他们平时的互动状况 ○为“弱势”人群赋权 ○上级能听到下级的声音和要求 ○使大家都拥有主人翁的感觉，对自己的学习负责，对小组的合作学习负责 ○使大家有机会反思和利用自己的已有资源 ○将参与互动的体验迁移到教育教学中 ○创造温馨从容的环境，寻求怦然心动的感觉 六、参与式培训常用方法 参与式培训方法没有固定、单一的方法形式，可根据培训内容的需要和当时、当地的条件即兴创造。一般来讲，常用的方法有：分组讨论、案例分析、观看录像、角色扮演、填表、画图、访谈、座谈、观察、辩论、排序、打分、小讲座以及其他根据培训内容而设计的各种游戏、练习和活动等。下面具体介绍本书中几种比较常用的方法 （一）热身活动（破冰游戏）：参与式培训中运用大量游戏，寓教于乐。培训者可以通过游戏活跃气氛，让大家尽快融入培训；另外，培训者可以通过游戏的方式传递核心信息，让参与者在游戏过程中获得相关技巧，并加深印象 在运用游戏法时应注意，所选游戏要能激发学员的学习兴趣和参与度，培训者要具备控制场面的能力，同时还要求培训者和学员都有较强的归纳和观察能力 （二）头脑风暴：又叫快速联想，就是看到一个问题或一个词语后，将头脑里最先想到的有关的解决方法或与之相关的东西，不加评判地呈现出来。头脑风暴的方法常用来产生解决问题的方案，也可以搜索决策方案；运用头脑风暴法只规定一个主题或者要解决的问题，把一个组的成员组织在一起，使每个人都毫无顾忌地发表自己的观念；头脑风暴法关键要排除思维障碍，消除心理压力，让学员轻松自由、各抒己见。其步骤如下 （1）提出问题。要求学员尽量提出自己不同的想法、问题、办法，并要求对他人的想法不做评论和批评以使大家尽情地提出建议 （2）分析想法，进行分类，放弃多余和无关的想法

续　表

（3）对分析结果做出选择，对已有结果还可采取此方法进一步开展创造性的思维活动

（4）在运用头脑风暴法时应注意，最大限度地产生想法，而不是评论；询问每个学员，列出各种答案；在过程中不讨论想法及评判好坏；结束后讨论想法的优缺点；时间控制在 30 分钟以内

优点：快速联想，可以用很快的速度得出解决问题的各种意见和建议

缺点：运用不当，可能会陷于尴尬的局面；把握不好，会偏离主题，达不到预想的效果

要点：主持人应把快速联想的目的牢记在心，避免联想漫无目的；忠实地记录下各种意见和建议，不加以评判；当要点或目的达到后，就可以结束了

（三）情景模拟：又叫角色扮演法，是一种模拟或演示的方法，目的是让学员通过在其他学员面前表演或观察其他学员表演的方法来“亲身体验”某一种情况、概念或观点等

这种方法具有理论与实践结合紧密、生动形象、复杂问题简单化、趣味性、参与性强等特点，有利于在真实情景中体验角色的思想和情感感受，能够从不同角度看问题，但可能会出现学员不好意思参加，活动流于形式的情况。培训员要根据学员的实际情况选择适合的学员进行角色扮演，最好挑选有较丰富经验且善沟通的人，也可由培训员和助手扮演

其实施步骤如下

（1）制订角色扮演教学计划，编写剧本，描述每个角色要扮演的情况

（2）介绍角色扮演的目的。选出愿意参加演出的学员，其他学员充当观众。给他们时间，帮他们排练

（3）在规定时间内表演并总结

在运用角色扮演法时应注意事先做好准备，给扮演者清楚的指示，培训者要引导、分析，否则成效甚微

优点：很直观，使学员具有身临其境的感觉；角色扮演能调动学员参加活动的积极性

缺点：不可能在短时间内选择到有表演天赋的人；很难安排练习的时间；不能准确地表达培训员所期望的效果

续　表

要点：明确并清楚角色扮演的目的；明确并熟悉各个不同角色的作用；当角色扮演已达到预期目的或发现学员坐立不安时，应及时停止角色扮演 （四）小组讨论：把学员分成两人或两人以上的小组，小组成员就某一问题或主题进行讨论。学员可以自由地交换观点和意见，有利于学习者理解知识，运用技能，改变态度。适用于学员比较熟悉又带有一些疑难的问题的培训主题；培训时间宽裕；学员之间比较熟悉；人数以 30 人以下为宜。案例分析、情景模拟常与小组讨论相结合。其实施步骤如下 把讨论目的和方法向各小组做出说明 小组成员就讨论话题发表意见，互相交流 由各小组对讨论结果作总结发言 使用小组讨论法时，辅导老师应起到引导作用，小组分享时注意分享的是小组讨论的结果，而非分享者的个人观点 优点 （1）所有参加活动的成员都有机会参加讨论，这是鼓励腼腆学员参与教学的有效的方法 （2）培训员和学员之间，学员和学员之间可以互相交换意见，这可能是其他培训方法做不到的 （3）小组讨论可以用于解决问题或产生新的想法和观点 （4）小组讨论可以培训学员认识和解决问题的能力，也有助于学员阐明和形成态度 缺点 （1）如果组织得不好，往往很吵闹，组员参与不均衡或偏离了要讨论的内容 （2）通常需要较多的时间 （3）参加讨论的人越多，每个人发表自己看法或经验的机会则越少 （4）可能会出现某些学员主导讨论，他们尽力让别人相信唯有他们的意见才是对的

续　表

要点

（1）讨论主题要明确，要与学员工作、生活有密切关系，换言之，学员必须就讨论的问题有话可说

（2）分组前，培训员要根据讨论的内容思考一下问题：分组是否要考虑学员的能力均衡？是否要考虑学员的年龄搭配？是否要考虑学员的性别搭配？是否要考虑组员工作内容，以往经验的互补？是否可以随意分组

（3）如果要求小组报告讨论结果，应该在分组时就告诉学员，以便他们选择报告员和记录员

（4）要讲清楚小组的任务、讨论的时间，保障每个小组有相对独立的空间讨论，互相之间不会影响

（5）注意小组讨论时间的控制

七、学员可能面对的困难及应对对策

1. 学员对参与式培训方法不适应，习惯于以往的讲授式的培训方法

应对对策

· 参与式培训需要一定的时间周期，体验一个从陌生到熟悉，从不习惯到习惯，从怀疑、观望到尝试、投入的过程；培训者应该表示理解，营造宽松、安全的学习氛围

· 精心设计培训活动，促使学员积极思考

· 不要批判、揭露学员的问题，也不要包办代替

· 创造气氛促进学员以开放的心态参加培训，主动分享，积极合作

· 破除学员对专家和唯一答案的迷信

2. 学员感觉不安全，害怕暴露自己的想法

应对对策

· 培训开始时就与所有学员约定好，培训过程中所讨论的内容，只用于本次培训讨论，所有学员都有对学员讨论的一些观点和内容进行保密的责任

· 不允许不认识的人或其他人旁听培训

· 交代活动规则，平等参与，角色轮换

续 表

·小组不要太大，4—6 人 ·根据具体情况进行同质和异质分组 ·先做起来，不要讲太多理论；在做的过程中学员态度会改变 八、培训员可能面对的困难及应对对策 1. 培训者可能认为参与式培训是玩游戏，担心自己没有尽职，学员没有学到东西 应对对策 ·回到童心，重新学会玩；寓教于乐 ·反思学员需要学什么东西，什么东西最重要 ·反思培训员的角色定位 2. 培训员缺乏自信和能力 应对对策 ·在做的过程中学习，每次培训要不断地总结经验 ·不要希望完全控制培训的结构、进程及细节 ·先做需求调查，了解学员的背景和期望，调整培训计划以符合学员的需要 ·精心准备，细化培训计划，根据不同阶段、不同内容、不同目的设计活动 ·事先模拟培训 ·理解学员的抱怨是因为感到不满 九、客观条件的限制及应对对策 1. 时间不够、内容太多 应对对策 ·将小讲座穿插在活动之间 ·小组活动要严格控制时间 ·分组讨论不同的问题，汇报时交流 ·小组一次只汇报一个问题，避免重复 ·发放阅读材料，要求事先或事后阅读 2. 缺乏设备和资源 应对对策：因地制宜；参与式培训并不完全依赖高科技手段

续　表

3. 学员的反应跟预期不一致 应对对策：事先准备多种方法，不拘一格 ·因地制宜，因时制宜，考虑不同对象的特点，适时调整培训计划

典型实例："行动起来，向零艾滋迈进"参与式培训

2016年，曲靖师范学院社会工作协会针对志愿者，开展了以"行动起来，向零艾滋迈进"为主题的培训活动，本次培训为期五周，综合运用了参与式培训的各种常见方法，现将培训内容展示如下：

"行动起来，向零艾滋迈进"培训（一） 本次培训的主题：把握青春迈出第一步 本次培训的目标：让志愿者们不再对艾滋病感到陌生，初步了解什么是艾滋病；同时也让志愿者们对"性"不再那么羞涩，以便于后期活动的进一步开展 本次培训的主要内容：1. 自我介绍；2. 订立契约；3. 游戏；4. 初步了解艾滋病 本次培训的时间：60分钟 本次培训对象：青少年 本次培训的方式：参与式培训 所需材料：花束、鼓（可用音乐代替）、白纸、白板笔、白板、签字笔、胶带 培训设计人：杨红艳

续 表

具体培训过程与计划			
培训环节步骤（主题）	培训目的	培训内容与过程	所需时间
一、自我介绍	让组员与组员以及组员与工作人员之间相互认识	主持人和参与者双方相互认识，了解活动目的，具体做法：主持人先开始自我介绍以及活动介绍，参与者通过“击鼓传花”的顺序进行自我介绍	10分钟
二、订立契约	小组契约的建立是为了组员在活动中大家达成共识和遵守相应的规则，为活动正常、顺利的开展做基础铺垫	分组；各组自选组长；组长带领小组订立契约。由主持人先给大家讲解什么是小组契约，带领大家建立小组契约，小组契约建立之后由工作人员粘贴在墙上较显眼的地方	15分钟
三、游戏	消除隔阂，活跃气氛，促进参与	游戏：“洞房花烛夜” 1. 让组员快速联想含有动物或者数字的成语，并且自己记住自己想到的成语，待全部组员说完成语后，主持人先带头说一句话，这句话是“洞房花烛夜，大哥哥（小妹妹）我＋成语。”男生是大哥哥，女生是小妹妹	

续　表

		2. 依次让每个参与者说一个三个字的 ABB 型重叠词，如红彤彤、绿油油、香喷喷、亮晶晶等等。每个人的词不能重复，并记住自己所说的词语。然后让每个人在自己说的重叠词前加上“我的屁股”这几个字，和重叠词连贯起来，依次大声说出来。如“我的屁股红彤彤”	25 分钟
四、快速联想什么是艾滋病	让组员对艾滋病有一个初步的了解，对艾滋病不再那么陌生	学员表达对艾滋病的认识和了解 第一步，主持人提问：关于艾滋病，你了解些什么 第二步，学员快速联想并回答。主持人将学员的答案写在白板上 第三步，在学员发言的基础上，主持人给予解答、补充，澄清疑问，进行有关艾滋病与艾滋病病毒知识的科学讲解，并对学员的回答进行归纳与强化 第四步，主持人小结	10 分钟

续　表

本次培训评估方式与方法 志愿者的参与度 主持人的参与度和掌控能力
附件： 知识小卡片 ■艾滋病的医学名称叫做“获得性免疫缺陷综合征”，英文全称是：Acquired Immuno-Deficiency Syndrome，缩写为“AIDS”，“艾滋”是这一缩写的音译 ■艾滋病病毒又叫“人类免疫缺陷病毒”，英文全称是 Human Immunodeficiency Virus，缩写为“HIV” ■艾滋病病毒虽然在人体内肆虐横行，但离开人体后是很脆弱的，一旦离开人体便很难生存。在 56℃环境下 30 分钟以上、干燥或使用家用普通的消毒剂（如碘酒、酒精、漂白粉、84 消毒液等）均能杀死艾滋病病毒

“行动起来，向零艾滋迈进”培训（二）

本次培训的主题：了解艾滋

本次培训的目标：让志愿者们不再对艾滋病感到陌生，了解什么是艾滋病；了解艾滋病的传播速度以及传播的趋势

本次培训的主要内容：1. 快速联想：什么是艾滋；2. 认识艾滋病流行趋势；3. 艾滋病危害及传播途径

本次培训的时间：60 分钟

本次培训对象：青少年群体

培训所需材料：写有“+”的空白卡片、签字笔

本次培训的方式：参与式培训

培训设计人：普艳杰　雷娇

续　表

具体培训过程与计划			
培训环节步骤（主题）	培训目的	培训内容与过程	所需时间
一、回顾：快速联想什么是艾滋病	熟记艾滋病的相关知识	通过上一节活动，组员对艾滋病有一个初步的了解之后，本次活动一开始先复习什么是艾滋病	10分钟
二、签名游戏：认识艾滋病的流行趋势	通过简单的签名游戏让组员了解艾滋病的传播速度以及传播的趋势	主持人把写有“+”的空白卡片发给组员，进行四轮的交换之后，有“+”标志的签名卡片上写有名字的则代表传染了艾滋病	20分钟
三、艾滋病的危害以及传播途径	让组员了解艾滋病的危害以及传播途径	主持人将组员分组，给定问题，组员讨论、分享，主持人进行总结	30分钟
本次培训评估方式与方法 志愿者的出勤率 志愿者对艾滋病相关知识的理解和掌握度			

“行动起来，向零艾滋迈进”培训（三）

本次培训的主题：体验艾滋

本次培训的目标：熟悉案例，自己确定角色，更好地扮演；在扮演中学会一些其他的东西，比如角色替换、魔术手、AB剧等等。也可以洞悉出扮演人的内心以及社会对待艾滋病患者的态度

本次培训的主要内容：1. 给定案例讨论；2. 案例扮演（角色替代、社会舆论）

续 表

本次培训的时间：60 分钟 本次培训对象：青少年群体 所需材料：写有“+”的空白卡片、签字笔 本次培训的方式：参与式培训 培训设计人：陈长丽			
具体培训过程与计划			
培训环节步骤（主题）	培训目的	培训内容与过程	所需时间
一、给定案例讨论	熟悉案例，自己确定角色，更好地扮演	主持人给定大家五个案例，每个小组选定一个案例进行讨论	10 分钟
二、案例扮演（角色替代、社会舆论）	在扮演中学会一些其他的东西，比如角色替换、魔术手、AB 剧等等。也可以洞悉出扮演人的内心以及社会对待艾滋病患者的态度	大家集体投票，想要哪两个小组进行现场扮演，扮演过程中大家可以进行魔术手、社会舆论方、角色替换等，从不同角度来看待问题的本质	40 分钟
三、主持人小结	让组员进一步复习学到的知识。在活动中感受到艾滋病患者的心理	主持人对今天的活动进行小结，小结时有必要说明，今天的扮演者仅仅是在演戏，其他同学不得以这个为由嘲笑扮演者	10 分钟
本次培训评估方式与方法 志愿者在角色扮演中的表现 观察者对角色扮演的感悟和问题			

<table>
<tr><td colspan="4">“行动起来，向零艾滋迈进”培训（四）
本次培训的主题：做正确决定，预防艾滋
本次培训的目标：帮助组员认识到感染艾滋病病毒的危险取决于一个人的行为，而不是他的职业、身份、社会地位等；知道日常行为中哪些行为是感染艾滋病病毒的危险行为
本次培训的主要内容：1. 危险性辨析：人群与行为；2. 危险性分级：跨越“危险地带”；3. 野火游戏
本次培训的时间：60 分钟
本次培训对象：青少年群体
所需材料：卡片、笔
本次培训的方式：参与式培训
培训设计人：高云</td></tr>
<tr><td colspan="4">具体培训过程与计划</td></tr>
<tr><td>培训环节步骤（主题）</td><td>培训目的</td><td>培训内容与过程</td><td>所需时间</td></tr>
<tr><td>一、危险性辨析：人群与行为</td><td>组员能够分辨哪些是危险行为</td><td>准备足够多的卡片，每张卡片都写上不同的职业人群
在场地划出安全区域和危险区域，组员根据自己的判断把卡片送到相应区域</td><td>30 分钟</td></tr>
<tr><td>二、危险性分级：跨越“危险”地带</td><td>让组员明确哪些是危险行为、高危行为</td><td>辨析危险行为和高危行为
把分别写有“危险”“安全”“不确定”的分类卡片发给学员，每人 1 张；组员讨论卡片内容，主持人进行总结</td><td>30 分钟</td></tr>
</table>

续　表

本次培训评估方式与方法 组员参与度 能否正确辨识不同危险性级别并意识到不同级别意味着什么

<table>
<tr><td colspan="4">“行动起来，向零艾滋迈进”培训（五）
本次培训的主题：与艾滋病患者同行
本次培训的目标：帮助组员认识到感染艾滋病病毒的危险取决于一个人的行为，而不是他的职业、身份、社会地位等；知道日常行为中哪些行为是感染艾滋病病毒的危险行为；了解和正确对待艾滋病患者，提倡关爱他们
本次培训的主要内容：1. 讨论：如果我或者身边人得了艾滋病，我会怎么做；2. 角色扮演；3. 总结并处理组员离别情绪
本次培训的时间：60 分钟
本次培训对象：青少年群体
所需材料：卡片、签字笔
本次培训的方式：参与式培训
培训设计人：何永锡、刘光文</td></tr>
<tr><td colspan="4">具体培训过程与计划</td></tr>
<tr><td>培训环节步骤（主题）</td><td>培训目的</td><td>培训内容与过程</td><td>所需时间</td></tr>
<tr><td>一、讨论：如果我或者身边人得了艾滋病，我会怎么做</td><td>组员能够分辨哪些是危险行为</td><td>分组讨论如果我或我身边人有艾滋病，我该怎么做
一组讨论“如果我有艾滋病，我会……”；另一组讨论“如果我身边某个亲人有艾滋病，我会……”
小组分享</td><td>20 分钟</td></tr>
</table>

续　表

二、角色扮演	理解和正确对待艾滋病患者，提倡关爱他们	分组，根据以上讨论情况，进行角色扮演，并讨论对待艾滋病患者的正确态度与方法	30 分钟
三、总结并处理组员离别情绪	在即将结束的活动中，巩固组员的成果，处理组员的离别情绪	主持人对五次活动进行总结，并处理组员的离别情绪	10 分钟
本次培训评估方式与方法 基于前四次培训的基础，分析组员在讨论和角色扮演中能否形成对待艾滋病患者的正确态度与行为			

第二单元　志愿者培训

志愿者培训			
培训的主题：志愿服务与志愿精神 培训的目标：促进志愿者学习和掌握志愿服务的方式、方法 培训的主要内容：志愿者的概念与特征；志愿服务的条件；志愿者需要具备的个人素质；志愿者对个人和社会的意义；志愿精神；志愿服务的领域 培训的时间：150 分钟 培训对象：青春健康与艾滋病防治教育志愿者（30 人） 培训的方式：参与式培训 所需的材料：白纸、笔、话筒、眼罩 培训设计人：刘芳			
具体培训过程与计划			
环节步骤（主题）	目　的	具体内容与过程	所需时间
一、热身游戏（盲人穿越障碍）	破冰，营造氛围，引导生活中的自助与互助	两人一组，一人戴上眼罩，一人作为指路人，帮助盲人穿越障碍物	10 分钟
二、头脑风暴：生活中是否需要志愿者	启发参与者思考志愿者存在的必要性	通过头脑风暴，培训者抛出话题，启发参与者思考，生活中需要互助的情境，志愿者网络在实现互助中的重要意义	10 分钟

续　表

三、什么是志愿者	促进参与者思考和学习志愿者的概念	从一个活动开始——相互认识：去结交一个自己不熟悉的人，并作自我介绍 引出问题“什么是志愿者?”——志愿者是不计物质报酬的，是基于他们的良知、信念和责任的人。志愿者是志愿为社会和个人提供帮助或服务的人。总结起来，志愿者的定义就是：不为物质报酬，基于良知和信念，志愿为社会和他人提供帮助的人	25 分钟
四、知识讲解	对志愿者、志愿服务等概念进行讲解	首先，我们要有一定的资源，包括拥有的时间、知识和技能以及所拥有的关系网络；其次，志愿者服务是提供非营利、无偿服务；最后，志愿者服务是非职业化的援助行为 总结，志愿者服务是利用自己的时间和技能，自己的资源和善心为邻里、社区和社会提供的非营利、无偿服务的非职业化的援助行为	10 分钟

续　表

五、知识竞答	巩固前面讲到的志愿者和志愿者服务的相关知识，强化大家对于志愿者精神的理解	1. 什么人可以成为志愿者？（回答：有爱心、有能力，无年龄和性别的差异） 2. 志愿者需要帮助谁？（回答：老人、有残疾的人、需要上学但交不起学费的人） 3. 志愿者可以有报酬吗？（回答：不可以，但是如果是长期的、成本高的，可以有一些报酬）	15 分钟
六、志愿者的特征	促进大家对志愿者基本特征的理解	观看两个小品表演，让大家看后谈谈感受： 第一个小品——好心办坏事。大致背景：一个志愿者给一个在医院做产检的妇女讲解喂奶粉的好处，但是由于没有讲清楚自己的身份或者自己是哪个团队的，使得妇女误以为其是奶粉推销者而被赶走	

续　表

		第二个小品——找工作。背景：一个外来的流动人口（妇女）想要找一份工作，但是不知道该怎么办，就向社区里的志愿者求助。志愿者了解了她的优势和以前做过的工作和感兴趣的工作后，根据妇女的情况给她一些面试技巧和建议 志愿者的特征 1. 志愿性 2. 非报酬性 3. 利他性 4. 组织性 5. 公益性	25 分钟
七、小组讨论：成为志愿者所需的条件	协助组员共同探讨作为志愿者所需要的基本条件，提升其参与志愿服务的能力与意识	30 个志愿者，随即分成六组，每组谈论这个主题，并将想法写在纸上，讨论结束后每组呈现讨论结果并说明她们的理由 总结：一个志愿者需要什么 1. 态度（爱心、责任心、耐心、恒心） 2. 体力（大家都提到的身体要好，有精力）	

续 表

		3. 利他精神（我们是服务别人） 4. 尊重他人需求 5. 团结（我们大家是一个团队，要相互支持） 6. 志愿者伦理（保密） 7. 认真、负责 8. 心理调节能力 9. 有一份力，就出一份力	25 分钟
八、志愿者对个人和社会的意义	鼓励志愿者参与志愿服务	志愿者的精神 1. 服务 2. 团结（大家是一个团队，要相互支持） 3. 共同使这个世界更美好	10 分钟
九、小组讨论	帮助组员探究当前志愿服务的重要领域和空间	大学生志愿服务的主要内容，我们能做什么？可以帮助做什么？需要做何种准备工作	15 分钟
十、总结	总结活动	总结知识，并鼓励志愿者参与到志愿行动中，鞭策自己努力学习专业知识和技巧，提高志愿服务的能力和服务的品质	5 分钟

第三单元　生命教育培训

<table>
<tr><td colspan="4">生命教育培训（一）
培训的主题：生命教育势在必行
培训的目标：增强参与者对生命教育的理解，学习生命教育的相关技术技巧
培训的主要内容：彼此认识，生命教育兴起的背景，生命教育的含义与主要内容
培训的时间：95 分钟
培训对象：青春健康与艾滋病防治教育志愿者（30 人）
培训的方式：参与式培训
所需的材料：卡纸、视频播放设备、人形卡纸、便笺纸、水性笔等
培训设计人：刘芳</td></tr>
<tr><td colspan="4">具体培训过程与计划</td></tr>
<tr><td>环节步骤（主题）</td><td>活动目的</td><td>具体内容与过程</td><td>所需时间</td></tr>
<tr><td>一、自我介绍</td><td>认识彼此</td><td>1. 活动之前给每位组员发放胸牌，以便于相互认识
2. 主持人先进行自我介绍，肯定参与者的参与行动
3. 组员介绍形式：采用唱歌传球的方式，歌声响起后开始传球，主持人喊停时球停在谁手里即由他（她）来进行自我介绍
4. 介绍内容包括姓名，专业、家庭成员情况等</td><td>10 分钟</td></tr>
</table>

续 表

二、破冰游戏	消除大家的隔阂，活跃气氛，促进大家的参与性	大风吹 规则：组员围成一圈坐着，当主持人喊大风吹的时候，组员接着说：吹什么？然后主持人说：吹家中有两个孩子的，那么有两个孩子的组员必须离开自己的凳子去抢别人的凳子坐 大风吹的内容包括：吹长头发的，吹红色衣服的等	5 分钟
三、短片赏析	通过播放视频短片，启发参与者思考，生命是什么，生命的脆弱性	播放视频短片《生命与永恒》 头脑风暴：观看视频感受 启发学员思考生命教育	30 分钟
四、什么是生命教育	帮助组员理解生命教育的基本含义与内容，启发组员认识身心统一才是健康的本质，也是生命教育的重要意涵	1. 邀请组员分享孩子在成长过程中遇到的困难和困惑，这些压力可能对他们产生什么样的影响。将这些困难和困惑写进人形卡纸里面	

续　表

		2. 介绍什么是生命教育，生命教育兴起的背景以及生命教育的内容 （1）形式："谁最重要"小活动 ——在活动室的适当位置分别写上/贴上"生理""心理""社会"三组词，然后给每个组员发一张有黏性的便笺纸，让组员投票，看看谁是最重要的。最后邀请几位组员说说原因 （2）总结：三者都重要，都是组成生命的重要成分，是成长为一个健全人不可缺少的条件；并且强调一个环节出现问题可能就会影响其他环节	40 分钟
五、放松自己	缓解疲劳，放松	健康操	5 分钟
六、总结	对此次活动进行总结；强化参与者参与意识，交代下次活动事宜	主持人总结本次活动的主要内容，提升组员对生命教育的认识	5 分钟

生命教育培训（二）			
培训的主题：自然生命维度——认识生命，珍爱生命 培训的目标：认识生命的历程；识别威胁生命安全的因素，提升其自我保护意识 培训的主要内容：生命教育的历程、威胁生命安全的因素、自我保护的技巧 培训的时间：70 分钟 培训对象：青春健康与艾滋病防治教育志愿者（30 人） 培训的方式：参与式培训 所需的材料：气球、视频播放设备、卡纸、卡片、笔等 培训设计人：刘芳			
具体培训过程与计划			
环节步骤（主题）	活动目的	具体内容与过程	所需时间
热身游戏	活跃气氛	“踩气球”：将气球绑在脚上，组员围成一个圈，等工作人员一声令下，大家踩他人脚上的气球，最后自己的气球未爆炸的为胜利者	5 分钟
生命的历程	传递相关生命来源的知识，并启发参与者运用更好的方式回答关于“我是从哪里来的”问题	1. 头脑风暴：如何回答“我是从哪里来的?”此类问题 2. 观看小影片《生命的历程》 3. 技巧：如何巧妙回答不同年龄段儿童、青少年此类问题	20 分钟

续　表

威胁生命安全的因素	探讨关于青少年生命健康安全的威胁因素，使其树立起教育孩子自我保护的意识，并为下一次活动做准备	1. 先通过头脑风暴法，让参与者谈一谈威胁青少年生命安全的因素 2. 将事先准备好的图像资料拿出来，核对大家提供的答案以及补充相关知识 3. 总结出威胁青少年生命安全的各种因素，提升保护意识 4. 如何进行生命安全保护教育 选取其中的一个危险因素（事先进行设计），通过志愿者的表演，引发大家的思考和讨论	20 分钟
保护生命之实战	通过表演和比较，让大家明白保护自己需要策略和技巧	角色扮演（事先设计，并邀请培训者参与）：选出其中一个典型的风险因子，邀请三名志愿者，通过角色表演，启发参与者探索保护自己的技巧和方法	20 分钟
总结	总结活动	对活动进行总结	5 分钟

生命教育培训（三）

培训的主题：自然生命维度——珍爱生命，保护自我

培训的目标：在众多影响青少年生命安全的因素中，艾滋病以及性侵害对这一群体的威胁比其他群体有着更大的风险性，所以，本次活动培训预防艾滋病以及性侵害的相关知识，使参与的家长懂得在家庭教育中，对孩子进行必要的性健康教育和提高其自我防护意识与能力

培训的主要内容：艾滋病的防治；性侵犯及其防治策略

培训的时间：90 分钟

培训对象：青春健康与艾滋病防治教育志愿者（30 人）

培训的方式：参与式培训

所需的材料：白纸、笔、小礼品、宣传手册等

培训设计人：刘芳

具体培训过程与计划

环节步骤（主题）	活动目的	具体内容与过程	所需时间
热身游戏	活跃气氛，提高组员的参与性	1. 社工回顾上一次的活动主题 2. 社工向组员讲解活动内容并示范：蹲着代表鸡蛋，半蹲着代表小鸡，站直了代表鸡妈妈（如果还有男生小朋友来参加活动，改为长大的鸡）。最开始，所有人都为鸡蛋，然后两两做石头剪刀布游戏，赢的人可以变成小鸡（鸡宝宝）。鸡宝宝寻找鸡宝宝再做石头剪刀布游戏，赢的人可以变为鸡	

续　表

		妈妈。鸡妈妈再找鸡妈妈做石头剪刀布游戏，赢的人就完成任务。输的人下降一个等级，例如，鸡妈妈输了，就又变为鸡宝宝，鸡宝宝输了，就变为鸡蛋。鸡蛋输了只能再找鸡蛋猜拳 3. 社工引导组员分享活动：每一种生命，都经历了从出生到成长的阶段。在这个阶段中，我们都有同伴，都会遇到挫折和挑战（石头剪刀布），要用平常心去对待我们的生命成长历程	5分钟
珍爱生命——预防艾滋病	引导志愿者思考谁是艾滋病防治知识宣传的主体	工作人员对前一次活动进行回顾引导大家进入主题，为接下来的活动做铺垫。指出对流动人口孩子来说，威胁生命安全的两大不容忽视的风险因子：艾滋病和性侵害 1. 测一测参与者对艾滋病知识的了解程度。通过知识竞答的形式，了解艾滋病防治知识，并补充相关知识	

续　表

		2. 分享一则“艾滋病患者的故事”，使大家明白艾滋病离我们并不远，并提升其防艾意识，并尝试启发参与者如何开展艾滋病预防教育 3. 将相关的艾滋病防治知识利用宣传小手册的形式发给参与者，并鼓励大家将小册子上的知识宣传给家人、同学和朋友	35 分钟
放松环节	通过小游戏让组员适当放松	游戏“开火车”	5 分钟
保护自我—预防性侵害	通过分享讨论，让组员认识到广大青少年面临性侵犯的特殊性，明白教育孩子相关性侵犯、异性交往知识的必要性，并尝试学习相关的预防知识和技巧、策略来教育孩子，预防性侵害	1. “您对性侵犯知多少”：何为性侵犯？什么样的孩子容易受到性侵犯？您是否担心过自己受到异性的侵犯？是否接受过预防性侵犯的知识与培训？为什么？通过头脑风暴法，将大家的知识予以呈现，同时提供相关的知识	

续　表

		2. “消除对性侵犯的误区”：采用辩论会的方式进行，将大家分成两组，组成正反方进行辩护，最后工作人员提供相关参考意见和答案 3. 群策群议，有招出招：如何培训青少年预防性侵犯呢？有何策略 （工作人员事先对预防性侵犯的相关知识进行总结）	35 分钟
总结	总结活动	总结本次活动	10 分钟

第四单元　同伴教育培训

第一节　青春期与自我保健

<table>
<tr><td colspan="4">青春期与自我保健（一）
培训的主题：理解健康
培训的目标：帮助组员理解健康的意涵，协助组员树立正确的健康观念
培训的主要内容：自我介绍、健康案例讨论、健康知识讲解
培训的时间：65 分钟
培训对象：青春健康与艾滋病防治教育志愿者（30 人）
培训的方式：参与式培训
所需的材料：大白纸、水性笔等
培训设计人：刘芳</td></tr>
<tr><td colspan="4">具体培训过程与计划</td></tr>
<tr><td>环节步骤（主题）</td><td>活动目的</td><td>具体内容与过程</td><td>所需时间</td></tr>
<tr><td>一、热身游戏</td><td>打破僵局</td><td>大树、松鼠</td><td>10 分钟</td></tr>
<tr><td>二、自我介绍</td><td>认识彼此，消除陌生感</td><td>围成一个圈，组员轮流介绍自己的名字，全体组员需要把前面介绍过的组员的名字一次一次重复下来，最后大家 123，齐声喊出自己的名字</td><td>10 分钟</td></tr>
</table>

续　表

三、案例分享	通过案例呈现，启发大家对健康的理解，引入主题	呈现案例 案例1：节食减肥，病入膏肓的大学生 案例2：患抑郁症，多次尝试自杀的美少女 案例3：与同事关系不合，辞职后抢劫财物的小高 头脑风暴：何为健康	30分钟
四、知识分享	帮助组员理解健康的含义	主持人向大家讲授现代健康理念的内涵，并启发大家对“健康”的理解，提高其风险意识	10分钟
五、总结	总结本次活动	总结活动，交代下一次活动	5分钟

青春期与自我保健（二）

培训的主题：青春期

培训的目标：了解青春期的生理特征，掌握基本的青春期的生理卫生知识

培训的主要内容：青春期的含义、第一性征与第二性征、生殖器官基本知识

培训的时间：90分钟

培训对象：青春健康与艾滋病防治教育志愿者（30人）

培训的方式：参与式培训

所需的材料：白纸、笔、生殖器官挂图等

培训设计人：刘芳

续　表

具体培训过程与计划			
环节步骤（主题）	活动目的	具体内容与过程	所需时间
一、热身游戏	破冰	大西瓜小西瓜	10 分钟
二、描画生命成长线	帮助学员梳理自身的生命历程	每个学生画出自己的成长线，在每个年龄段下，写上自己的身心的变化	10 分钟
三、小组讨论	协助组员探究和理解各生命阶段的基本特征	分组讨论各生命阶段特征，看哪个小组写得多	20 分钟
四、青春期探寻：我的自画像	重点帮助组员梳理和回顾自身青春期的基本变化，引出对青春期的关注	1. 画出三年前的你与现在的你的对比像，要求突出两个阶段身体的变化 2. 各自分享自身的变化 3. 由组员的身体变化分享引出青春期身体特征讲解：第一性征，第二性征	15 分钟
五、小讲授：青春期卫生保健知识	协助组员掌握青春期的基本概念特征，以及青春期生理卫生保健知识技巧	知识分享：青春期的概念及其特征；补充关于生殖器官的保健知识	30 分钟

续　表

六、总结	总结活动，交代下次活动	主持人对整个活动过程进行回顾，提炼主题，帮助组员理解青春期，重视对青春期的身心保健	5 分钟

青春期与自我保健（三） 培训的主题：认识我们的身体 培训的目标：认识自己的身体，让参与者摆脱对身体的盲点以及第二特征出现后的紧张和羞耻感，使大家悦纳自己身体和心理的变化 培训的主要内容：性的内容；认识自己的身体；树立正确性观念 培训的时间：85 分钟 培训对象：青春健康与艾滋病防治教育志愿者（30 人） 培训的方式：参与式培训（头脑风暴、分组讨论、分享） 所需的材料：数张大白纸、相应数量的笔、胶带、夹子、各种可发声的小物件、歌曲磁带、各种身体器官的图片等 培训设计人：刘芳			
具体培训过程与计划			
环节步骤（主题）	活动目的	具体内容与过程	所需时间
一、热身游戏	打破僵局	海盗船	10 分钟
二、小组讨论	引入主题，协助组员理解性的三个维度	分组讨论以下话题 1. 喜欢和爱 2. 爱、性、性感和性冲动 3. 亲情、友情和爱情	

续 表

		4. 性伦理、性道德、性法律规范 5. 人类的性与动物的性的本质区别	20分钟
三、认识自己的身体	协助组员了解自己的身体；性脱敏	小游戏：找位置。事先准备好人体器官图，将其粘在人体轮廓图的正确位置上，其中，男女两性人体轮廓图各两幅 第一种：以小组为单位各组分别完成，最后贴在黑板上集体展示，一起评价或者交叉评价，正确认识身体部位 第二种：集体完成。以小组为单位，每组摆放几种器官，一起认识身体的正确位置	20分钟
四、小讲授	知识讲解，消除误区	1. 爱≠性感≠性 2. 性是自然的，每个人对性的感受不一样，性常常难以启齿，因为性涉及一个人的性心理、性态度和社会的性伦理观，每个人之所以采取不同的性行为方式，是因为性价值观的不同	

续　表

		3. 广告的误导，列举你常见的广告词 4. 各器官的位置、功能及保健知识 5. 对男女生殖器官的认识	10 分钟
五、小思考	协助组员树立正确的性观念	1. 为何称你们这个年龄的恋爱要用“早恋”？你是怎么看待早恋的 2. 你是否有过早恋 3. 你认为不正确的性行为会导致什么	20 分钟
六、总结		总结本次活动，交代下次活动内容	5 分钟

青春期与自我保健（四）

培训的主题：青春期与自我保健

培训的目标：协助组员了解青春期的困扰，学习青春健康保健知识

培训的主要内容：青春期的困惑；青春期的健康保健；知识讲解与测验

培训的时间：80 分钟

培训对象：青春健康与艾滋病防治教育志愿者（30 人）

培训的方式：参与式培训

所需的材料：卡片、宣传折页、卫生保健知识试题

培训设计人：刘芳

续　表

具体培训过程与计划			
环节步骤（主题）	活动目的	具体内容与过程	所需时间
一、热身游戏	打破僵局	健康操	10 分钟
二、青春期的困扰	了解组员的困扰，并解答困惑	1. 给每位组员发不同颜色的卡片，让组员把自己目前面临的困扰或者曾经面临的困扰写在卡片上 2. 主持人邀请志愿者抽取卡片，并采用头脑风暴法，收集应对策略	20 分钟
三、知识讲解	传递青春健康保健的知识	主持人对卡片上的困惑进行分类，并事先做充足准备，现场针对每一个困惑和问题，进行认真的解答；发放宣传小手册“羞涩的青春，你我同行”	30 分钟
四、卫生保健小测试	巩固知识学习的效果	将事先准备的小题目，发放给组员，让组员在规定的时间内作答	15 分钟
五、总结	—	总结活动，分享彼此感受	5 分钟

第二节　大学生恋爱与性

大学生恋爱与性健康培训（一）			
培训的主题：大学生的恋爱观“谁更适合我” 培训的目标：协助组员认识自己的恋爱标准，并启发学员思考维持和发展两性关系的基本标准和核心要素 培训的主要内容：认识自身的恋爱标准 培训的时间：80 分钟 培训对象：青春健康与艾滋病防治教育志愿者（30 人） 培训的方式：参与式培训 所需的材料：白板、白板笔、卡纸、卡片、大白纸、胶带 培训设计人：刘芳			
具体培训过程与计划			
环节步骤（主题）	活动目的	具体内容与过程	所需时间
一、热身游戏	破冰	找朋友	10 分钟
二、心目中的伴侣	帮助组员更好认识自己的恋爱标准，启发思考维持和发展两性关系的基本要素	1. 将组员分成 5 组 2. 活动前主持人在白板上写上描述人的特点的词汇，包括：真诚、依赖、独立、无情、责任感、不卫生、理智、纯洁、漂亮或英俊、幽默、温柔、乐观、自信、善良、性感、悲观、善解人意、自以为是、贪婪、懒惰、很富有、花心、专一、有能力、有才华、勇敢、活	

续 表

		泼、自私、上进、粗鲁、无责任感、共同的价值观 3. 请组员在以上词汇中选择出5个你最看重的特点、1个最不能忍受的特点，写在大白纸上 4. 每个组员在小组内分享自己选择的结果，并阐述理由 5. 每个小组选出一名组员在全体组员面前汇报自己的选择结果和理由 6. 主持人带领大家继续讨论 如果让大家在你选择的最看重的5个特点里删掉2个，你会去掉什么？为什么？留下这3个的理由是什么？请再去掉2个，你去掉什么？为什么？留下这1个是你最看重的吗？最后剩下的1个你最看重和最不能容忍的特点，是否有性别差异	45分钟

续　表

三、答案揭晓	—	大家把自己最看重的选择粘贴到白板的背面（私密性粘贴） 主持人公布大家粘贴的结果，并启发组员思考 这个结果说明了什么？这个结果和你的选择标准是否一样，为什么？今天的讨论对你有什么影响？最后请大家用简练的语言说说参加本次活动的感受	20 分钟
四、总结	—	主持人小结	5 分钟

大学生恋爱与性健康培训（二）

培训的主题：“我和他（她）”

培训的目标：通过视频、案例、小剧场、游戏等让组员尊重理解不同的爱情观，学会处理恋爱中的问题

培训的主要内容：正确的恋爱观

培训的时间：70 分钟

培训对象：青春健康与艾滋病防治教育志愿者（30 人）

培训的方式：参与式培训

所需的材料：大白纸、记号笔、多媒体

培训设计人：普润香、王亚君、吴倩茹、杨美玲、张春艳、邢选龙

续　表

具体培训过程与计划			
环节步骤（主题）	活动目的	具体内容与过程	所需时间
开场白	让组员和工作者互相认识，并且了解此次活动的主题	工作者介绍自己，向组员介绍活动主题	5分钟
拍手游戏	调动气氛；让组员有合作机会，借以建立更深的关系	由工作者按照一定方式将组员分为四组，计算每组组员拍手同步的次数，若节拍混乱，则停止计数。按组逐一进行	10分钟
提到爱情，你会想到什么	引入活动主题	主持人出示“爱情”一词，组织组员快速联想 邀请组员分享自己的想法并由主持人总结并展示已准备好的材料 分享结束后，由主持人引入本节活动的主题	5分钟
观看爱情小视频	让组员更加直观地了解爱情	主持人播放视频	15分钟

续　表

小组讨论	帮助组员树立正确的恋爱观	1. 结合视频材料，组织组员进行分组讨论，讨论的主题是：视频中呈现出了几种不同的爱情观，请予以评价 2. 当代大学生的恋爱，应该遵循何种原则 3. 组员分享，主持人的概括，并将事先准备的文字材料在大白纸上呈现	25 分钟
总结活动	—	由主持人进行最后总结，并邀请组员分享感受。并提出下一节的活动主题	10 分钟

大学生恋爱与性健康培训（三）

培训的主题：“第一次亲密接触”

培训的目标：通过游戏、视频、知识讲解、小剧场等让组员对性有初步的了解，认识性行为的后果并且能够理性对待性

培训的主要内容：性脱敏、青春健康小知识、性邀约处理与应对

培训的时间：100 分钟

培训对象：青春健康与艾滋病防治教育志愿者（30 人）

培训的方式：参与式培训

所需的材料：大白纸、记号笔、视频播放设备、小礼品

培训设计人：刘芳

续 表

具体培训过程与计划			
环节步骤（主题）	活动目的	具体内容与过程	所需时间
开场白	回顾上次活动内容并引入此次活动	主持人带领大家回顾上节内容并介绍本次活动主题	5 分钟
洞房花烛夜	调动气氛，并引入活动主题	1. 依次让每个参与者说一个带有动物的成语，如龙马精神、九牛一毛等等，每个人的词不能重复，并记住自己所说的 2. 然后让每个人在自己说的词前面加上“洞房花烛夜，小弟弟（小妹妹）我……”这几个字，和刚刚说的成语连贯起来，依次大声说出来 3. 活动结束后主持人提问：“为什么刚开始说这些成语/词的时候，大家没有笑？而加上……后就哄堂大笑？是不是加上的那几个字让你想到了什么？”性的观点被人为地加上了很多禁忌，所以变得敏感。性本身是健康、自然的，请大家脱掉敏感的外衣，以科学、开放、自然的心态来看待性以及谈论关于性的话题	10 分钟

续　表

播放视频	让组员更加生动、直观地了解性	播放性教育视频《爱之年华》	10 分钟
青春健康小知识讲解	全面地理解性，建立正确的性态度和性观念	向组员讲解基本的青春健康知识	20 分钟
你比我猜	调动气氛，性脱敏	1. 自由组合，两人一组，共三组，一个比画一个猜 2. 限时两分钟，答对词语最多的一组获胜，输的一组将会有小惩罚 3. 比画的人可以用语言和肢体动作来描述词语，但是不能描述某个字的读音或写法，不能出现词语中的同音字及外语翻译 4. 猜不出可以喊过，观众不能提醒 （附录 1）	20 分钟

续　表

“性邀约”小剧场及欲望彩虹	让组员面对性的时候学会理智思考和智慧决定	1. 剧中人物：女 A　男 C　女 D　D 的男朋友 E（也是 C 的好朋友） 2. 剧背景：A、C、D、E 均为大学三年级学生，A、C 与 D 是同班同学，A、D 同住一宿舍，E 是 C 的好朋友。A 与 C 相恋两年多，未发生性关系，D、E 相恋不到一年，发生多次狭义性行为。A 因家庭环境及教育背景等原因，相对保守（剧本见附录 2） 3. 由工作人员准备好小剧场并进行演绎，然后邀请组员演绎他们在面对性邀约时会做出的选择 4. 主持人邀请组员随意提问剧场演员，提问者站在演员身后把手搭在他（她）肩膀上，演员可以选择回答或者不回答，提问过程中工作人员记录关键词，并做最后总结	30 分钟

续　表

总结	让组员表达此次活动的感受，并对这两次活动做全面回顾	主持人做最后总结，并发活动纪念小礼品	5 分钟

附录 1

A 组：面膜、睡美人、暗恋、姐弟恋、含情脉脉、扭秧歌、性感、怀孕、喉结、婚姻、月经、流产、自慰

B 组：丝袜、狗急跳墙、梦游、刮胡子、凤姐、暧昧、接吻、小三、性骚扰、避孕套、单身狗、同居、性邀约

C 组：胡须、青春、口红、初吻、早恋、约会、分手、拥抱、遗精、同性恋、强奸、异地恋、做爱

附录 2

性邀约

剧中人物：女 A

男 C

女 D

D 的男朋友 E（也是 C 的好朋友）

剧背景：A、C、D、E 均为大学三年级学生，A、C 与 D 是同班同学，A、D 同住一宿舍，E 是 C 的好朋友。A 与 C 相恋两年多，未发生性关系，D、E 相恋不到一年，发生多次狭义性行为。A 因家庭环境及教育背景等原因，相对保守。

第一幕

A、C 准备出去游玩三天。

这一幕发生在女主角的宿舍，这天宿舍里只有 A、D。

A：“我要跟男朋友出去玩三天。”满脸堆笑，美滋滋地说道。

D：“你们要去哪玩啊？这几天你们俩要住一块么？”

A：“去阳光海岸，应该是住一起吧！”有点不好意思地说。

D：笑道：“男女朋友出去住一块再正常不过了，而且你们在一起都两年多了，你还害羞个什么劲儿？”

……

续 表

D：接着坏笑说："趁这个机会你们正好偷吃禁果，哈哈！" A："哎呀！你别乱说了。" D："我哪里乱说了？'禁果'是人的基本需要，好不好？发育成熟的男生女生都会有这方面的欲望。你说你这么有女人味，C 怎么会不心动呢？" A："也是啊，不过就算他提出要求我也不会答应的。" D："咦，为什么啊？"以不解的眼神注视着 A。 A："首先，我不确定跟我一起走进婚姻殿堂的人是不是他，如果不是他，我将来的老公嫌弃我不是处女，那我怎么办；其次，我害怕，害怕把全部都给了他之后没什么可以给他的；还有啊，我听说第一次会很疼！"话毕，满脸痛楚的样子。 D："怕疼只是个借口吧！我跟你想的不一样。我觉着吧，爱他就该全身心地投入，如果畏畏缩缩的又怎么能够得到真爱呢？另外，现在没有尝试过，要是将来结了婚才发现你们性生活的方式不和谐，那到时该怎么办？"一脸轻松。 A：一脸鄙视地说："哎……你说什么啊，口味真重！" D："你才重口味呢。"气愤地夺门而出。 A：……（怔怔地坐在自己的位子上，五味杂陈。） 第二幕 C 与 E 去打球的路上。 C："嘿，哥们儿，跟你说个事，我跟我媳妇儿要出去玩三天。" E："难怪精神那么好，约我打球。" C："哎，兄弟你怎么不懂我呢。我郁闷着呢！" E："怎么回事，跟哥说道说道。" C："你说我都跟 A 在一起两年多了，到现在都还没有和女朋友发生性关系，憋得难受，说出去也让人笑话。你性经验那么丰富，给我普及点知识，为国家扫扫性空白盲。" E："兄弟，不是我说你，这事得她情你愿，郁闷有什么用啊！"……"我们俩情况不一样，怎么说呢？" C："这我也知道，你说我要怎样开口说出这句捅破窗户纸的话？" E："这个……不好明说吧！水到渠成。"

续　表

C："怎么说？"
E："就在房间里你们可以像平时一样亲密，然后顺势……她又不傻，会懂的。如果没有直白的拒绝，那就是默许了！"坏笑着说完。
C："这我也明白，要就这么被拒绝了那多没面子。"这时已经走到球场了。
E："那你就不是真男人咯！哈哈。"
C："是不是真男人球场上见真章。"说罢，仰起头带着球冲向篮球架。

第三幕

A、C出去玩的第二天晚上，他们出去玩了一天，回到住的地方，两个人待着看电视。
A："今儿玩得真开心，要是可以这么一直在一起该多好！"亲昵地说。
C："会一直这样的，我保证一直这样下去，好不好？嘿嘿。"亲了亲A的脸蛋。
A：搂着C的脖子，微笑地说："有你真好！"
……
两个人在房间里温存了一会儿，此时C早已有了生理反应……突然，C站了起来，走到浴室门口。
C：转身坏笑道："我先去洗个澡……你先看一会电视。"
A："好的！"表情也突然变得有些凝重。
过了十多分钟，C赤裸着上身，用毛巾擦着湿漉漉的头发走了出来。
C："要不你也去洗一个呗，玩了一天，一身的汗。"
A："嘿，小样！你还嫌弃我，是吧？"调皮的口吻说。
C："哎哟，您饶了小的吧，小的怎么敢嫌弃您呢？借我一百个胆儿也不敢啊。"故作委屈地说。
A："好吧，你不许偷看哦。"心里开始有点忐忑了，心想"要是我洗完澡他要求发生性关系那我怎么接招啊？"
A进了浴室，心里越想越不安稳了……C躺床上不时窃笑。过了二十多分钟A穿着整齐地出来了。
C："亲爱的，不早了，我们睡觉吧。"
A："嗯嗯，明儿一早早起看日出去，嘿嘿。"

续　表

C："啊！要早起啊，您饶了我吧！会出人命的。"夸张地说道。接着，马上一转脸，用撒娇的语气说："您做主，小的从了你！" 房间里只有床头灯还发出暗黄微弱的光，A、C 牵着手躺在床上。C 似乎想说点什么可是又有口难开的样子……静静的，过了一小会儿，终于 C 开口说话了。 C："亲爱的，我们在一起两年零三个月又十七天了，今晚儿我想你完全成为我的人儿。"说完抓了抓头发，赧然地笑了笑。 A："我不已经完全是你的人了么？"不解道。 C："……我不是这个意思，我的意思是……是……" A："哦……是什么？哎——不说这个了，你上闹铃了没？明儿早起。"A 心里清楚，想打马虎眼，糊弄过去，不愿直面 C 的话题。 C：深吸一口气，说："我想让你成为我的女人，想和你做爱。" A：怔了一下，"我问你闹铃上了没？别扯开话题。"A 还幻想可以扯开性的话题，不想去触及。 C："扯开话题的是你，我说得很清楚了，我想成为你的男人，唯一的男人。"一改往常嘻嘻哈哈的风格，严肃地说。 A："……可是我还没……没准备好呢！" C："你的意思是不愿意么？" 两人陷入了沉默……过了一会儿。 A："C，你知道吗？我真的很爱你。我也知道你很爱我，那你能不能等我们关系更进一步，等我考虑好，等我有准备再……" C："我知道。"一脸不开心的样子。"那我们做爱不就是为了让关系更进一步么？" A："我的意思是等我们有能力捍卫我们的爱情，有准备步入婚姻的时候。" C："只要你愿意和我结婚，我相信我们会走进婚姻殿堂的，我向你保证。" A："你用什么保证呢？我们现在还是学生，还有一段路要走，在这段时间里谁都不知道会发生什么。" C："你不相信么？"

续　表

A："C，我不是不相信，只是我想我的第一次是给我的老公。你能理解贞洁对一个女生来说是多么重要吗？要是我将来的老公不能接受我不是处女，那我要怎么办？你想过没有？再有，我害怕我把全部都给了你，慢慢的，你倦了、厌了，而我那时没有什么再能够给你的了，我们要怎样走下去呢？我爱你，我想和你好好走下去，走得更远。你理解么？" C："我理解。好吧，我不勉强你了。我想告诉你的是我爱你，我将来也会是你的老公。" A："嘿嘿，就知道你最好了，那我们睡吧。" C："好，明儿带你去看日出。" A、C 相拥而睡。

<table>
<tr><td colspan="4">大学生恋爱与性健康培训（四）
培训的主题：失恋也是一种成长
培训的目标：协助组员理解失恋的感受，树立正确的恋爱观，学习应对失恋的技巧与方法
培训的主要内容：失恋的心理感受、失恋的应对与处理
培训的时间：80 分钟
培训对象：青春健康与艾滋病防治教育志愿者（30 人）
培训的方式：参与式培训
所需的材料：视频播放设备、卡纸、签字笔、白纸
培训设计人：刘芳</td></tr>
<tr><td colspan="4">具体培训过程与计划</td></tr>
<tr><td>环节步骤（主题）</td><td>活动目的</td><td>具体内容与过程</td><td>所需时间</td></tr>
<tr><td>一、热身游戏</td><td>打破僵局</td><td>"是"与"不是"</td><td>10 分钟</td></tr>
</table>

续　表

二、视频播放：今天我失恋了	引出主题	播放小视频《今天我失恋了》，启发大家思考，面对失恋我们应该怎么办	10 分钟
三、失恋小剧场	—	1. 将组员分为三组，要求以“今天我失恋了”为题目，三组分别以伤心欲绝、死缠烂打、怀恨报复为失恋的处理方法创作短剧，并用 5 分钟的时间演绎剧情（组员自行设计） 2. 三个小组依次进行表演 3. 主持人带领组员进行讨论并小结 讨论内容 （1）询问前任伴侣扮演者：在剧中，你的前男友或女友这么做，你有什么感受 （2）询问失恋扮演者：如此处理失恋，作为主人公，你感觉如何 （3）询问所有组员，这组同学处理失恋的方法如何，会造成什么影响？面对失恋我们应该怎么做	40 分钟

续　表

四、走出抑郁，积极面对失恋	知识的讲解和传递	主持人提供应对失恋的方法与策略，引导组员积极面对失恋	15 分钟
五、小结	—	每个人在恋爱的时候，都可能会面对失恋。失恋是痛苦的，往往伴随悲伤、失落感甚至羞耻感，这是正常的心理活动。然而长期沉浸在这种不良情绪中，伤害最多的还是自己，接受分手的现实，忘记该忘记的，记住该记住的，接受该接受的，改变能改变的。两个人时，善待对方，一个人时善待自己。正确分析失恋的原因，不要自卑，不要纠缠，不要拖拉，失恋是一次重生的机会，失恋也是一种成长	5 分钟

第三节　青少年期的需要和问题

<table>
<tr><td colspan="4">青少年期的需要和问题（一）
培训的主题：你我的青春最美
培训的目标：协助组员理解青少年期的身心发展特点与需要，启发组员思考青少年期面临的主要问题与主要任务
培训的主要内容：青春期身心发展特征，青少年期面临的主要问题、矛盾和发展任务
培训的时间：80 分钟
培训对象：青春健康与艾滋病防治教育志愿者（30 人）
培训的方式：参与式培训
所需的材料：卡片、大白纸、小礼品、笔
培训设计人：刘芳</td></tr>
<tr><td colspan="4">具体培训过程与计划</td></tr>
<tr><td>环节步骤（主题）</td><td>活动目的</td><td>具体内容与过程</td><td>所需时间</td></tr>
<tr><td>一、破冰游戏</td><td>打破僵局，进入主题</td><td>啦啦操</td><td>5 分钟</td></tr>
<tr><td>二、制定小组规范</td><td>制定活动契约</td><td>工作人员向服务对象说明活动契约，并动员服务对象共同制定活动契约</td><td>15 分钟</td></tr>
</table>

续 表

三、青春成长记忆	引导大家回忆自己的青春期，思考青春期面临的主要问题与困惑	1. 将组员分成4组 2. 将组员事先准备的与青春期成长相关的纪念物品，带到活动现场，主持人也带一份纪念品，主持人通过示范引导组员讨论发生在自己成长中的重要事件，并探究其对于自己的影响 3. 组员在小组内分享自己的青春故事 4. 主持人启发全体组员思考：青春期面临的主要困惑与问题，每个小组经讨论后将答案写在事先准备的大白纸上，并分别予以展示	30分钟
四、知识讲解	协助组员认识和理解青少年期身心发展基本特征和面临的主要问题与发展任务	采用PPT形式，讲解青春期的基本概念、身心发展特征以及青少年期面临的主要问题与需求及其发展任务	20分钟
五、总结	总结本次活动，交代下次活动	主持人对本次活动进行总结	10分钟

青少年期的需要和问题（二）

培训的主题：青少年期困惑：难以说出口

培训的目标：协助组员了解青少年期性骚扰的主要表现、特点、应对措施和策略，提高自我风险意识和自我保护意识

培训的主要内容：性骚扰情境表演与辨别、欲望彩虹、性骚扰的应对与策略

培训的时间：85 分钟

培训对象：青春健康与艾滋病防治教育志愿者（30 人）

培训的方式：参与式培训

所需的材料：剧本、卡片、便利贴、胶带、笔等

培训设计人：高梦

具体培训过程与计划

环节步骤（主题）	活动目的	具体内容与过程	所需时间
开场白	工作人员与服务对象的初步认识及让服务对象了解服务活动	主持人开场白，工作人员自我介绍及服务活动内容介绍	5 分钟
情景表演	通过情景剧表演，让服务对象深入了解性骚扰出现的情况，更加深入学习面对性骚扰时应该做什么。欲望彩虹可以激发服务对象的参与积极性	1. 情景剧：工作人员事先准备好性骚扰小剧本，邀请服务对象参演剧本	

续　表

		2. 欲望彩虹：把参演性骚扰小剧本的人暂时留在舞台上，让观众询问关于性骚扰的相关问题，表演人员可以选择回答或者不答	30 分钟
性骚扰知识分享	让服务对象学习性骚扰的知识	1. 面对性骚扰时的应对措施 2. 小游戏加深印象 3. 面对性骚扰后的结果及影响	15 分钟
编词记忆	通过编词记忆加深对知识的印象，提高活动积极性	编词记忆。工作人员通过改编歌曲歌词，把有关防性骚扰的知识编到歌曲中，加深印象（见附录）	15 分钟
智慧树	帮助大家记住知识，发动大家想办法	工作人员准备卡纸、便利贴、彩笔、剪刀，做一棵树，把便利贴发给服务对象，让其把相关性骚扰的知识及应对措施写到便利贴上，然后把便利贴贴到智慧树上。汇集大家的知识	15 分钟
总结		工作人员邀请服务对象表达感受，并对本次活动进行总结	5 分钟

续　表

附录

防性骚扰之歌

你我遇见在地球
各种危害都存在
两不相识会遇见
公共场所别乱来
帅哥美女你不要碰
规规矩矩对你我好
记住性骚扰记住他的坏
生活各处他都在
遇到别怕你大声喊
勇敢对他说声 NO
学习知识安全在
青春教育最重要

第四节　性病与艾滋病的防治

性病与艾滋病的防治（方案一）

培训的主题：预防艾滋，从我做起

培训的目标：协助组员了解掌握艾滋病基本知识，学习参与式培训的基本技巧与方法

培训的主要内容：艾滋病的基本知识、高低风险辨别、预防艾滋病的基本措施

培训的时间：130 分钟

培训对象：青春健康与艾滋病防治教育志愿者（30 人）

培训的方式：参与式培训

所需的材料：卡片、白纸、笔、宣传折页等

培训设计人：刘芳

续　表

具体培训过程与计划			
环节步骤（主题）	活动目的	具体内容与过程	所需时间
一、签名游戏	通过游戏的方式，让大家了解艾滋病传播的速度，引起大家对艾滋病的关注	给每位组员发一张卡片，要求组员在卡片的中间签上自己的名字，然后再找另外两个组员给自己签名。这些卡片中有两张事先在背后画有病毒符号、针管图形和避孕套形状，拿到这些带有艾滋病符号的卡片的人代表已经感染艾滋病 然后让卡片背面有艾滋病病毒符号的人站起来，找出给他签过名以及让他签过名的组员。这些站出来的组员再一一找出那些给自己签过名以及让他签过名的组员 最后，主持人解释：大家的每一次签名都是一次无保护的危险行为，艾滋病病毒就这么在我们中间传播开来	10分钟

续　表

二、病毒游戏	协助组员理解艾滋病病毒的发病机制	选六个组员作为志愿者，一个代表普通的“人”，另外五个代表各种疾病，剩余的组员的职责是保护“人”。剩余的组员围成圈，将我们“人”保护在中心，不能让他被病毒侵袭。被代表各种疾病的组员拍到“人”，就代表“人”生一次病 五种病分别是：感冒、肺炎、结核、HIV、腹泻 游戏中，被艾滋病拍到的保护“人”的志愿者就要退出来，这样接着而来的各种病就可以肆无忌惮的拍我们“人”了	15 分钟
三、知识讲解：什么是艾滋病	艾滋病相关知识宣传，详细介绍什么是艾滋病，并且让大家明白艾滋病并不可怕	HIV，代表的是艾滋病病毒，AIDS——艾滋病，全称是：获得性免疫缺陷综合征 艾滋病的全称名字是很长，但是看其中几个比较关键的词就能理解了 获得性——也就是它不是先天就有的，是后天才得的	

续　表

		免疫缺陷——人的免疫力被破坏 综合——一系列的疾病，什么病都有 艾滋病的潜伏期很长，有的是4到5年才发病 在家里我们有哪些东西可以杀死艾滋病病毒呢? 高温（70多摄氏度就可以杀死这个病毒）、消毒粉、肥皂水、洗衣粉水都可以 艾滋病也没什么可怕，它不会凭空进入我们体内，它也不是无孔不入的。那它存在于我们身体里的哪些地方呢 血液、精液、阴道分泌物、乳汁、伤口里和唾液里（唾液里量少一些）	20分钟

续　表

四、分辩不同职业感染艾滋病危险性的高低	通过很简单明了的方式让组员了解不同职业与感染艾滋病之间的联系，并且加深大家的防范意识，危险的不是某种职业而是人们的危险行为，要大家洁身自好，远离艾滋病	这些职业分别是：家庭主妇、大学生、村长、干部、发廊女、妓女、农民、包工头、吸毒者、同性恋、警察、教师、明星、经理等等。要求组员对拿到的职业按危险程度由高到低进行排序 主持人重点提醒组员，艾滋病感染与高风险行为有关，与职业本身无关，应该避免对相关职业的歧视，正确看待艾滋病与职业之间的关系	30分钟
五、行为卡片摆位	通过参与的方式让大家知道哪些行为容易感染艾滋病，消除大家平时对艾滋病认识中的一些误解	把写有各种行为的卡片发到每个人手中，每个人将自己拿到的行为卡片，按照可能感染艾滋病的程度，分别归到高危、中危和低危区，并说出自己的理由。对于别人摆放的位置，如有不同意见，可以发表意见并将其挪动	

续　表

		这些行为分别是：文身、穿耳、咳嗽、接吻、共用马桶、肛交、性交、拔牙修牙、义务献血、一同吃饭、蚊虫叮咬、口交、自慰、口常护理艾滋病人、共用办公工具、共用剃须刀、握手、共用牙刷 艾滋病感染的三大途径： 1. 要有可以进入的途径 2. 一定数量的病毒 3. 病毒的质量，即病毒是活的。只有都满足这些条件了，艾滋病病毒才会传播	25 分钟
六、艾滋病的预防	让大家了解一些基本的艾滋病预防措施，从小事做起、从自身做起，来预防艾滋病	预防艾滋病的措施也是针对艾滋病的传播途径进行的 1. 性传播途径的预防：一是节欲；二是固定性伴侣（最有保障的是相互忠贞）；三是使用安全套；四是做负责任的决定	

续 表

		2. 血液传播的预防：一是不接受输血（不要为了营养就输血）；二是使用清洁血；三是到正规医院就诊；四是不过度就医	20 分钟
七、总结	总结活动，评估组员的收获	主持人总结本次活动，了解组员参与活动的感受与收获	10 分钟

性病与艾滋病的防治（方案二）

培训的主题：预防艾滋，提高风险意识

培训的目标：帮助组员正确了解艾滋病基本知识，能辨别风险行为，提高组员预防艾滋病风险能力

培训的主要内容：艾滋病知识；风险辨别；消除社会歧视

培训的时间：80 分钟

培训对象：青春健康与艾滋病防治教育志愿者（30 人）

培训的方式：参与式培训

所需的材料：小蜜蜂、艾滋病 PPT、白板、白板笔、大白纸、记号笔

培训设计人：刘芳

续　表

具体培训过程与计划			
环节步骤（主题）	活动目的	具体内容与过程	所需时间
一、观看视频《永远在一起》	引出活动主题，吸引服务对象注意力，了解服务对象，对活动主题的认知程度	快速联想：什么是艾滋病 讲解艾滋病的危害，艾滋病的传播途径（事先在大白纸上将知识点呈现，或者在 PPT 上呈现）	10 分钟
二、跨越“危险地带”	通过站队的方式让服务对象真切地去了解危险行为，在保护自己的同时不愚昧地歧视艾滋病患者	24 张写了不同行为的卡纸，一张红色写着危险的卡纸，一张绿色写着安全的卡纸，一张黄色写着不确定的卡纸，让组员分辨以下行为是危险，还是安全，还是不确定	30 分钟
三、小组讨论	深入问题，在小组讨论中发现每个人对待同一件事的不同态度，通过组员之间激烈的讨论来加深活动印象	将志愿者分为三个小组，每个小组选一名组员做记录，一名组员做小组汇报 小组讨论内容	

续　表

		问题一：如果当你得知你被艾滋病病毒感染时，你有什么感觉？你会把这件事告诉别人吗？今后你将会怎样与朋友相处呢 问题二：如果当你偶然得知你的朋友感染了艾滋病病毒时，你有什么感觉？今后你将会怎样与他（她）相处？你会再把这件事告诉其他人吗 三个小组汇报，主持人对讨论的内容进行概括总结，鼓励组员消除对艾滋病的歧视	30 分钟
四、总结	巩固活动主题	邀请组员进行分享，总结本次活动	10 分钟

典型实例：同伴教育主持人培训设计实例

曲靖师范学院同伴教育主持人培训设计

设计人：陆肸垚

第一部分：基本框架

主题	曲靖师范学院同伴教育主持人培训		
对象	曲靖师范学院数十名教师及同学		
培训背景	目前曲靖师范学院深入开展以在校学生为主要目标人群的青春健康教育项目工作，取得了一定的成效。综合学校师生需求以及学生综合素质，决定从曲靖师范学院中选拔数十名老师及在校大学生接受青春健康项目同伴教育主持人的培训，以便探索适合学校师生的青春健康教育方式		
总目标	培养一批新的同伴教育主持人		
培训设计	陆肸垚	联系方式	* * * * * * * * * * *
培训主持人	陆肸垚	联系方式	* * * * * * * * * * *
阶段	时间	主题	目标（内容）
第一场	90 分钟	遇见你好幸运	培训介绍及沟通技巧技能培训
第二场	90 分钟	人类的性	sexuality education

续 表

第三场	90 分钟	手牵手一起走	同伴教育
第四场	90 分钟	英雄历程	性教育的现状及困难
第五场	90 分钟	我给你自由	主持人技巧
第六、七场	全天	你们的使命	成果展示

第二部分：培训细则

第一场：遇见你好幸运

时间：90 分钟

目标：阐述培训是为了培养出一批新的同伴教育精英，推动曲靖师范学院青春健康项目的开展；后半场进行沟通技巧技能培训。

内容：

阶　段	时　间	步　骤	备　注
第一阶段	15 分钟	热身游戏	我想和你做朋友
第二阶段	20 分钟	阐述小组培训目标	多媒体
第三阶段	10 分钟	制定小组契约	参与培训的秩序及培训的使命
第四阶段	40 分钟	讲解沟通技巧	PPT
第五阶段	5 分钟	总结	板书

第二场：人类的性

时间：90 分钟

目标：让参与者性脱敏，能够准确地理解性，是一种全性以及性存在。性不是污秽的，反而是一种美好的象征。

内容：

阶　段	时　间	步　骤	备　注
第一阶段	10 分钟	热身游戏	洞房花烛夜
第二阶段	20 分钟	介绍性教育与 sexuality education 的区别，并着重突出什么是 sexuality education	PPT
第三阶段	20 分钟	动物的性：sexuality 随着社会结构的变化	PPT
第四阶段	20 分钟	全性系统的存在；全性的纵向多元化——主体建构视角	PPT
第五阶段	20 分钟	全性对性教育的启示以及全性的理念	PPT

第三场：手牵手一起走

时间：90 分钟

目标：参与者准确地掌握同伴教育的方法和技巧，并能自己组织一场同伴教育。

内容：

阶　段	时　间	步　骤	备　注
第一阶段	10 分钟	热身游戏	头脑风暴（谈到性想到了什么）
第二阶段	20 分钟	同伴教育是什么	PPT

续　表

阶　段	时　间	步　骤	备　注
第三阶段	30 分钟	组织一场同伴教育（主题：亲密关系的选择）	大白纸、记号笔、PPT
第四阶段	20 分钟	介绍同伴教育的不同板块及主题	PPT
第五阶段	10 分钟	总结同伴教育的核心理念	板书

第四场：英雄历程

时间：90 分钟

目标：让参与者明白，开展并坚持性教育是一件非常困难的事情。鼓励青少年勇敢地参与性教育，提升自身性与生殖健康教育水平，提高疾病防护的意识与能力。

内容：

阶　段	时　间	步　骤	备　注
第一阶段	10 分钟	热身游戏	红绿灯
第二阶段	20 分钟	讨论你们认为的英雄是什么	大白纸、记号笔
第三阶段	30 分钟	借用电影和真实的人物故事，阐述主持人认为英雄是什么	PPT
第四阶段	10 分钟	观看简短的小视频	视频
第五阶段	20 分钟	升华总结	板书

第五场：我给你自由

时间：90 分钟

目标：通过这一场培训，让参与者能够掌握基本的活动设计、执行以及主持人技巧

内容：

阶　段	时　间	步　骤	备　注
第一阶段	10分钟	热身游戏	你比我猜（分为三组）
第二阶段	20分钟	活动设计	PPT、板书
第三阶段	20分钟	活动执行	PPT
第四阶段	30分钟	主持技巧	PPT
第五阶段	10分钟	总结提问环节	板书

第六、七场：你们的使命

时间：全天

目标：检验是否每一个参与者都已经很好地掌握了同伴教育的方式方法。

内容：十个人分为五个小组，选择不同的性教育主题展示。主题分别有：青春期；社会性别；人际交往；性行为和决定；预防意外怀孕；预防性传播疾病；艾滋病；远离毒品；计划未来。

备注：五位评委点评指导。

第五单元　小组工作

<table>
<tr><td colspan="4">活动1　小组工作方法与技巧工作坊
培训的主题：小组工作方法与技巧
培训的目标：协助骨干成员全面了解小组工作的方法与技巧及其实践过程，并鼓励小组成员在今后的青春健康教育工作中运用小组工作方法
培训的主要内容：1. 小组工作的方法；2. 小组工作的技巧
培训的时间：一天
培训对象：青春健康与艾滋病防治教育志愿者（30人）
培训的方式：参与式培训
所需的材料：白纸、卡片、胸牌、签字笔、不同类型的舞曲、眼罩等
培训设计人：刘芳</td></tr>
<tr><td colspan="4">具体培训过程与计划</td></tr>
<tr><td>环节步骤（主题）</td><td>目　的</td><td>具体内容与过程</td><td>所需时间</td></tr>
<tr><td>上午
9：00
一、热身</td><td>打破僵局，认识彼此</td><td>➢ 协作者自我介绍
➢ 热身
1. 每人做一个代表自己的动作并发出一个声音，其他人重复一次
2. 随便在屋子里走动，向他/她问好，可与他/她握手，也可跟在他/她身后与他/她做同样的动作，还可以给他一个拥抱</td><td>30分钟</td></tr>
</table>

续　表

二、开场白	介绍本次活动的目的与内容	➢ 协作者简介小组工作方案设计，工作坊的内容及目的，参加者对工作坊的期望	10 分钟
三、活动一	协助组员了解常见的小组工作活动实践技巧（教育剧场）	➢ 雕塑家与泥 ■两个人一组，一人扮演雕塑家，另一人扮演泥土，轮换 主题词：紧张、困惑、自由、辛苦、失落、成就、满足、充实……	20 分钟
四、活动二	协助组员了解常见的小组工作活动实践技巧（教育剧场）	➢ 动作与小组组合 ■以不同的方式走路（高、中、低、软、硬、快、慢、火、水、风、雨、叶子等）梅花开（梅花梅花几朵开——两朵、三朵、四朵……） 主题词：厕所、水果、实习、奥运、公交车……	20 分钟
五、知识讲解一	协助组员理解小组工作方案设计的方法与原则	白纸上写好：小组工作方案设计的方法与原则	40 分钟

续 表

六、放松活动	放松环节，缓解疲劳	➢ 大象、船长、观音游戏 ➢ 三人一个小组，中间的人扮演大象、船长、观音，旁边两个人左右两边做配合	20 分钟
七、知识讲解二	协助组员理解小组工作设计的技巧	小组工作方案设计相关技巧和案例的呈现	40 分钟
八、小结	总结上午活动	总结上午活动内容，了解组员的疑惑，并给予支持	5 分钟
下午 2：00 一、热身	放松身心，活跃氛围	➢ 与狼共舞 准备不同类型的舞曲；两个人一个小组，跟着音乐，一个人放松，另一个人任意地舞动，随后两个人角色轮换	15 分钟
二、团队协作	协助组员运用常见的小组工作活动实践技巧	➢ 盲人摸象 分两个大组，一个组的人全部戴上眼罩，另一组的人随便做成一个雕塑（人与人之间要有接触的），第一组的人去摸雕塑，并把雕塑做出来，前后对比，轮换	15 分钟

续　表

休息			
三、小组讨论	讨论小组工作计划，促进大家对小组工作计划相关知识的了解与掌握	小组计划书案例讨论分析：结合小组工作计划书模板与范本，进行讲解，讨论，发现其中的问题，提出解决对策和意见	60分钟
四、教育剧场	协助组员了解教育剧场的相关知识，并能在小组工作实践中加以运用	➢ 定格表演 ■分组，每组任意想一个故事（寓言、传说、生活故事等），用五个组定格表达这个故事 ■分组表演，并由观众猜 ■在原来五个组定格的基础上，最前和最后各加一个定格，讨论，表演 ■在五个组定格的基础上，其中一组可以动，可以加入台词，声音	40分钟
五、总结	总结本次工作坊，收集大家对学习的意见，表达收获与疑惑	➢ 小结：每个人发一张纸条，写下感受，收集，每人抽一张读出	30分钟

活动2　小组事件的处理 培训的主题：小组工作领导的技巧：小组工作事件的处理 培训的目标：协助骨干成员全面了解小组事件的常见类型及其应对策略 培训的主要内容：1. 小组事件；2. 小组事件的处理 培训的时间：210分钟 培训对象：青春健康与艾滋病防治教育志愿者（30人） 培训的方式：参与式培训 所需的材料：白纸、卡片、胸牌、签字笔、不同类型的舞曲、眼罩等 培训设计人：刘芳			
具体培训过程与计划			
环节步骤（主题）	目　的	具体内容与过程	所需时间
热身游戏	活跃气氛	叠报纸 准备废旧报纸2张。将组员分成两组，要求各组所有成员尽快站在报纸上，所有成员在报纸上坚持10秒，没有掉地上者为胜利完成任务	20分钟
“何为小组事件”	让学生了解认识小组事件，掌握常见的小组工作事件，理解小组事件的处理对小组活动的意义	1. 主持人介绍本次活动的主要内容 2. 讲解小组事件的含义及其表现类型 3. 启发组员思考在具体活动开展中，遇到类似小组事件，如何处理与应对	20分钟

续　表

双方期望不一致	让学生了解领导者与小组成员目标不一致的含义，探讨应对的策略	1. 呈现案例：领导者与组员不一致的目标 2. 头脑风暴：如何处理	20 分钟
放松环节	放松身心，缓解疲劳	传递呼啦圈 将小组分成两组，每组组员手拉手围成一圈，让呼啦圈穿过身体，用计时器计算时间，胜出的一方可以要求另一组表演下蹲	5 分钟
小组中沉默	让学生认识和理解小组中，沉默的意义及其含义，掌握应对小组沉默的策略	案例讨论：团体活动已进行了四五次，但团体成员绝大部分仍很沉闷，如果领导者没有指名，绝少有人主动发言，即使有发言，也是简短敷衍。有时两三位窃窃私语，一等到领导者问及却又闭口不语。活动进行时，参与也不怎么起劲，整个团体气氛沉闷，成员显得很被动，要如何处理	

续 表

		先了解成员参加团体的动机及对团体的期望如何。成员在团体中表现的行为常常与其参加的动机及期望有关，如成员对团体目标有不了解时，可再次澄清、确定 检查团体活动过程是否发生了什么事，并检讨自己对成员的照顾是否适当，带领方式是否恰当，例如可设计带领“团体温度计”活动，对团体加以检视 运用立即性技巧进行团体气氛“阅读”，以了解此时此地成员对团体的感受，并能洞察团体状态 使团体成员了解责任的分担义务，共同运作、催化团体，达成目标 领导者也可采用动态性的活动或团体活动催化、改变气氛 领导者自我检讨领导的方式与风格，探讨团体动力是否卡住了，适时地修正处理	25 分钟

续　表

攻击行为	让学生认识和理解小组中攻击性行为的意义及其含义，掌握应对策略	情景剧：小组中的攻击性行为 启发：您有何感受？如何处理	30分钟
垄断者	使学生掌握小组工作中出现垄断者情况的应对策略	头脑风暴：小组分享中爱说话的人，怎么应对 策略呈现：PPT	20分钟
退缩者	使学生掌握小组工作中出现退缩者情况的应对策略	情景表演一 1. 邀请三名组员参与情景表演：小组中的退缩者 2. 鼓励组员探究退缩的原因 3. 回应如何解决	20分钟
对立与争执	使学生理解小组工作中出现对立与争执场面的原因，同时探讨解决的对策	情景表演二 1. 邀请四名组员分别扮演小组工作领导者，组员A、B、C，并呈现争执的过程和情景 2. 启发组员探究，此时小组领导者处理得是否恰当？为什么 3. 小组领导者遇到类似的问题，如何解决（策略介绍）	20分钟

续　表

<table>
<tr><td>“哭泣者”</td><td>启发学生思考小组工作中，组员哭泣的含义，引导学生对哭泣原因的判断并进行不同的应对</td><td>情景表演三
1. 事先准备多张写好不同哭泣类型的小组事件情景，邀请组员进行表演
2. 启发组员思考哭泣的原因
3. 头脑风暴：如何应对哭泣</td><td>30 分钟</td></tr>
<tr><td colspan="4">附件
一、小组事件的概念
所谓小组事件是指小组中个人与他人互动时，发生干扰团体运作与发展的现象或行为，例如成员企图控制他人，非理性地依赖他人，惩罚自己或别人，成员退缩、等待或习惯观察别人，使人闭嘴，情绪化行为反应等，也即出现控制者、盲从者、依赖者、攻击者、退缩者等成员。小组事件可能是一窒息的情景，也可能是一冲突的过程，也可能是团体一种危机的呈现与转机的前奏
二、领导者与成员对小组的期望及目标不一致时，领导者如何发觉并处理
1. 接受此差异，并以坦然的态度与成员分享、讨论，异中求同
2. 领导者拟订小组方案前宜先参考成员的动机期待，同时清楚此次所要带领的小组特质与目标
3. 在小组成立之初，领导者即有责任把小组目标加以澄清，适时导向说明，让成员完全了解
4. 发现方向有偏差或成员期待不一致时，要主动提出并与成员再次讨论，澄清并修正小组目标
5. 对于少数期待差异较大的成员，不妨适时辅以小组以外的个别咨询
三、小组沉默应对技巧
（一）了解成员沉默的意义及形成的因素
1. 思考
2. 抗拒</td></tr>
</table>

续　表

3. 茫然
4. 观望
5. 感情负荷沉重
6. 自然停顿

（二）领导者应审查自己的个性，避免贸然因自己无法忍受沉默而打断小组活动，急于由自己或成员来发言

（三）适时观察成员，不必勉强打破沉默，容许沉默存在

（四）领导者发挥敏感力，洞察造成沉默的因素并思考如何解决

（五）了解原因及情况之后再做改变或补救，以使小组活动顺利进行

（六）小组初期少数成员的沉默，领导者可适时地邀请、引导来协助其表达。如果是小组活动一段时期以后，沉默只是其个性使然且又不影响其他成员及小组的运作，领导者可适当地尊重并辅以小组以外的个别咨询

四、当成员对领导者有所攻击、指责时，领导者该如何处理

（一）首先思考成员攻击的反应，了解成员攻击的内在动机为何

❖争取吸引力
❖争取地位
❖内心不安的投射
❖对领导者带领方式、能力不满
❖对整个小组气氛、方向不满
❖对成员不满情绪的转向

（二）处理成员攻击行为的原则

1. 了解是少数成员或多数成员的反应，若是后者领导者应自我反省；若是成员各人个性使然，宜善加工作

2. 尽量在小组中处理，不要回避

3. 假设成员情绪反应过于激烈，小组不易完全处理，则小组领导者也须在小组内做些交代，私下再补救处理

4. 注意成员失控、攻击的行为是否“波及无辜”，避免小组凝聚力受影响

续 表

必要时，领导者可找督导或有经验的领导者交谈，寻求平衡的心态与适当的处理方法。领导者不妨视此为对个人领导能力的挑战，勿气馁、勿自我设限，随时激励自我 五、小组中垄断者的应对 1. 领导者可提示、邀请少说话的人也表达意见 2. 可简述此成员的意见，为他做整理而适时打住他的话 3. 在小组中公开来谈，但要注意对当事人可能造成的伤害 4. 请成员对当事人进行回馈 5. 察觉爱说话的成员是否有特殊的人格或心态不安的原因，特别注意他，找机会与之沟通 6. 请他担任小组观察员，以使其了解个人表达过当对小组可能产生的影响，但忌以此方式来惩罚当事人 六、当成员表现退缩时，领导者如何处理 1. 成员表现退缩可能有各种不同原因，领导者必须能察觉及分辨有些成员沉默退缩但仍投入，有些则不投入。投入者又有个性谨慎且沉默退缩的安然自得者，有反应表现稍慢的，又有因缺乏信心而沉默退缩的。不投入者可能运用沉默退缩来表示抵制，另外也有些成员以自己情绪的起伏而表现不同的参与度 2. 团体成立初期，对慢半拍的成员须给他一些刺激或鼓励 3. 领导者对退缩成员多给予鼓励支持，并引导其他成员一起来鼓励他 4. 多留机会给想参与而缺乏信心者，必要时拟订团体方案、实际带领活动时可加以考量，让每位成员有参与表达的机会 5. 在团体成立初期，若是发现成员的退缩是因自己的期望与团体目标不合时，领导者可以解释、沟通，并让他抉择是否留下 6. 若成员因为过去有不愉快的团体经验而退缩，领导者应尽量使他感受到现在的团体与过去的团体不同，充分给予温暖、支持 7. 领导者应能容忍个别差异，不要造成压迫感，要注意自己的期待是否超过成员的能力表现 8. 当以尽力处理（如使用上述的措施）后，退缩成员仍然改善有限时，不妨尊重其状态，并于团体外予以个别咨询

续　表

七、小组中部分成员谈话时常有对立的情绪或明显的争执，造成该成员或其他成员的不满，应该如何处理 1. 最好在小组中处理，但如因时间、进度有困难或气氛太强烈，也可私下处理 2. 领导者可请双方使用同理心技巧重新沟通一次，适时的角色扮演 3. 领导者也可示范良好的沟通方式，让双方学习，例如尝试解读对立成员语言背后的意思，或有领导者及成员来角色扮演担任其背后发言人，建立双方良性的沟通 4. 领导者不必太焦虑，不妨试着以不同角度协助成员及自己了解“对立”的积极意义，例如：代表小组的自由开放，意见多元化 5. 处理时间太长会影响小组进行活动及成员参与，不妨适时告一段落，伺机处理 八、小组进行活动中，引发成员哭泣，如何处理 （一）先了解成员哭泣的原因 1. 自身分享经验时所促发 2. 小组活动所促发 3. 为小组气氛所感动 4. 为他人经验而感动 5. 喜极而泣 6. 受到小组外的生活经验影响 7. 个人情绪化反映 8. 不明原因 （二）处理方法 1. 领导者可适时地坐在当事人旁边予以非口语行为的关怀；如递面巾纸，适当予以同理支持 2. 邀请成员对当事人适当回馈，分享类似经验支持他，分享时应避免给予当事人评价、建议，不妨多给予正向回馈，领导者或成员千万不可在当事人哭泣时一直询问他，导致他“上气不接下气”，情绪失控 3. 适时应变，避免小组焦点集中在当事人身上给予其压力

续　表

4. 待当事人平静、情绪宣泄后，给予其表达的机会澄清其想法、感受及行为
（三）小组内成员的哭泣不妨视为小组运作的动力，不一定是危机事件
（四）领导者应多创造温馨、互动、支持的小组情景，解除成员的防卫心理、压力，使其能自由地自我开放，凝聚小组向心力

典型实例：小组工作方法在青春健康教育中的实例1

大学生性健康教育小组工作服务方案

（向阳小组：陆肸垚　朱丽莎　胡　英　刘永莉　李丽珍　章　修）

一、服务背景

中国计划生育协会2015年对东、中、西部130余所高校20088名大学生性与生殖健康问卷调查结果显示，20.3%的调查对象曾发生过插入式性行为，其中超过半数在首次性行为时未使用任何避孕方法；发生过性行为的调查对象中11.0%有（致使）过怀孕，其中90%以流产为结局；35.1%的调查对象报告曾遭遇过基于性别的性暴力或性骚扰。[①] 近5年中国大中学生艾滋病病毒感染者年增35%，而大中学生感染者中，男同

① 中国青年网络．大学生性与生殖健康现状调查报告，2016－9－30.

性恋占 82%。[①] 处于性活跃期的当代大学生群体性与生殖健康意识较为淡薄，自我保护意识与能力不足。加强大学生青春健康、性教育不仅是适应新时期艾滋病防治工作新问题的必然要求，也是回应大学生性与生殖健康意识淡薄问题的重要措施。

二、理论架构

（一）班杜拉的社会学习理论

观察学习是指一个人通过观察他人的行为及其强化结果而习得某种新的反应或使他已经具有某些行为反应特征得到矫正，同时在这一过程中观察者并没有对示范反应做出实际外显操作。

班杜拉认为，人的行为不仅是受先天生物遗传因素的制约，更受制于后天环境因素，人的行为具有后天习得性。其中后天习得行为的重要路径之一是通过人们的观察学习。通过观察学习，间接习得经验知识与行为。观察学习过程分为三个阶段：第一阶段是注意过程，即注意过程是观察学习的起始环节，在注意过程中，示范者行动本身的特征、观察者本人的认知特征以及观察者和示范者之间的关系等诸多因素影响着学习的效果。第二阶段是保持阶段，在观察学习的保持阶段，示范者虽然不再出现，但他的行为仍给观察者以影响。要使示范行为在记忆中保持，需要把示范行为以符号的形式表象化。通过符号这一媒介，短暂的榜样示范就能够被保持在长时记忆中。观察学习的第三个阶段是把记忆中的符号和表象转换成适当的行为，即行为再现阶段，也就是再现以前所观察到的示范行为。这一过程涉及运动再生的认知组织和根据信息反馈对行为的调整等一系列认知的和行为的操作。能够再现示范行为之后，观察学习者（或模仿者）是否能够经常表现出示范行为要受到行为结果因素的影响。行为结果包括外部强化、自我强化和替代性强化。班杜拉把这三种强化作用看成是

① 中国承诺将艾滋病疫情继续控制在低流行水平［J］．中国艾滋病防治信息，2017（3）：28.

学习者再现示范行为的动机力量。①

本小组成员通过小组组员积极示范引导，组员观察主持人以及他人在小组中的行为、态度，习得青春健康与自我防御的知识与技能；同时主持人采用鼓励、支持等策略适时对组员的行为、态度等进行强化。

（二）社会互动理论

“社会互动”，即社会相互作用，是指在一定的社会关系背景下，人与人、人与群体、群体与群体等在心理、行为上相互影响、相互作用的动态过程。构成社会互动，应具备三个要素：①应有两方以上主体。既然是相互作用，主体必然不能少于两方，至于每方人数具体是多少则没有明确限制，其既可以是个人也可以是群体。因而不论在个人与个人、个人与群体还是群体与群体之间，互动都可发生。②主体间应有某种形式的接触。这种形式既包括语言，也包括非语言，如身体感官或其他媒介等。换言之，一方主体应向他方发出一定的“符号”即通过行为或意思表示的方式传达给对方。③各方主体都能意识到“符号”代表的意义。对于一方主体做出的意思表示或行为，其他主体不仅能清楚认知，而且能对此积极回应。

社会互动理论的理论来源：社会互动理论是包含建构主义观点和人本主义观点的认知体系。在该理论看来，人一出生就进入了人际交往的世界，学习与发展就发生在他们与其他人的交往与互动中，它既强调学习过程的认知参与，也强调学习过程的全员参与。社会互动理论着重于学习的社会环境，把教师、学生之间的相互活动看作教学的灵魂所在，强调教师、学习者、学习任务和学习活动之间的相互作用和它的动态性。社会互动理论有两大重要理论来源，一个是维果茨基的社会互动理论，

① https：//baike. baidu. com/item/% E7% 8F% AD% E6% 9D% 9C% E6% 8B% 89% E7% A4% BE% E4% BC% 9A% E5% AD% A6% E4% B9% A0% E7% 90% 86% E8% AE% BA/3533205？ fr = aladdin.

一个是费厄斯坦的“中介作用”理论。维果茨基认为，人类心理功能的发展是以特定的社会本质和社会过程为先决条件的，在每一个社会文化情景中，儿童参与正式和非正式的教学交流，产生了与那些情景适宜的心理功能。儿童通过社会互动的双向过程，逐步建立系统的认知表征作为解释框架，并且信奉自己社会文化情境中所提倡的普遍价值体系和行为准则。在维果茨基的理论中，社会互动成为智力产生和发展的源泉，个体身上所表现出来的特定结构与过程，可追溯到与他人的互动上，学习和认知发展就是通过参与社会活动来吸取适当的文化实践经验。费厄斯坦在其“中介作用”理论中指出，对个人有重要意义的人在认知发展过程中起中介作用，有效学习的关键在于本人和“中介人”之间的互动。从这两个理论中不难看出，人与人的交往和互动是推动学习的关键力量。

三、服务目的

促进大学生正确认识青春期，理解青春期生理、心理、社会性发展的基本规律，理解青春期的困扰与可能面临的问题，引导学生学会与异性相处，并能积极预防疾病与伤害，提高自我保护的意识与能力。

四、服务对象

1. 资格：在校全日制大学生
2. 范围：曲靖师范学院
3. 特点：希望提升大学生青春健康与自我保护意识

五、小组的活动安排

1. 名称：向阳小组
2. 性质：教育小组
3. 节数：6 节
4. 日期：2015 年 11 月 10 日—2015 年 12 月 15 日

5. 时间：每周二下午 4：30—6：00
6. 地点：社工实验室
7. 人数：30—40 人

六、招募计划

（1）在曲靖师范学院进行宣传，形式可以多样化。利用他们开会的时候，借用 5 分钟说明我们的来历，我们小组的性质以及我们的服务目标，希望大家可以积极地参加我们的活动；

（2）在学校内分发我们的宣传单，并在宣传单上留下我们的联系方式；

（3）在曲靖师范学院设一个定点，让同学们有疑问的都可以进行咨询，也可以方便学生们的现场报名。

七、服务计划概要

时　间	主　题	主要目的	主要内容
第一节活动（2015 年 11 月 10 日）	正确认识自己	使大学生能够正确认识自己以及自己的身体，关注身心健康与发展	自我介绍，组员间相互认识 认识自己以及自己的身体
第二节活动（2015 年 11 月 17 日）	青春期的生理心理发展	全面理解青春期的变化	青春期的生理与心理发展概况 案例讨论：如何把握青春期的变化，克服自卑
第三节活动（2015 年 11 月 24 日）	青春期的社会性发展	正确处理与他人的人际交往（侧重于异性交往）	头脑风暴 青少年的社会性需求 小组讨论 与异性相处的策略

续　表

时　间	主　题	主要目的	主要内容
第四节活动（2015年12月1日）	青春期性心理与性议题	对组员开始完整的性健康的培训 活动形式：参与和培训（本节活动主要采用观察学习法）	了解青春期的性心理及变化，正确对待不逃避；青春期可能面临的与性相关的问题及其应对
第五节活动（2015年12月8日）	保护自我，预防性侵	从自身做起，远离性侵害，保护好自己	让组员了解到性教育的现状 青少年遭遇性侵的基本情况（案例呈现） 案例讨论，从自身做起，远离性侵
第六节活动（2015年12月15日）	回顾与分离	回顾前五节活动，启发和引导学生进一步深入学习性健康教育的知识与策略。同时处理好组员的离别情绪	回顾活动过程 互赠礼物 疏导组员离别情绪

八、具体活动计划

第一节活动　正确认识自己

活动的主题：正确认识自己

活动的目标：引导大学生正确认识自己，正视身体的变化，接纳自己的身体

主要内容：组员自我介绍；介绍小组；热身游戏；认识自己小讨论；认识自己的身体；总结

活动时间：2015 年 11 月 10 日下午 16：30—18：00

工作人员：李丽珍　章修　刘永莉　朱丽莎　胡英　陆阶垚

服务对象：大学生若干名

工作地点：社工实验室

所需的材料：彩色卡纸、双面胶、笔、白纸、糖果若干

培训设计人：向阳小组具体培训过程与计划

环节步骤（主题）	目　的	具体内容与过程	所需时间
一、自我介绍	让组员与组员，组员与工作人员之间相互了解	1. 活动开始之前，工作人员给每一个来参与的同学发一张贴有双面胶的卡纸和笔，让参与者在卡纸上写上自己的名字 2. 确定人数以后，主持人开始自我介绍，简要说明我们的来历以及小组的基本概况；最后感谢大家的到来（在介绍的时候主持人要把自己左胸前写有名字的卡纸露给大家看，便于组员记住自己的名字）	

续　表

		3. 下面组员介绍：组员可以来一段即兴的表演，但是要把时间控制在一分钟以内（如有超时的，主持人要给予提醒，以免影响整个小组的进度） 4. 组员的介绍主要包括：姓名、年级、爱好、自己的性格	15 分钟
二、热身游戏	消除大家的隔阂、活跃气氛，让大家更能记住其他组员的名字，提高大家的积极性	交换名字 方法 （1）大家围成一个圈坐着，自己随即更换成右邻者的名字 （2）以猜拳的方式来决定顺序，然后按顺序来提出问题 （3）当主持人问及“张三先生，你今天早上几点起床”时，真正的张三不可以回答，而必须由更换成张三的名字的人来回答：“嗯，今天早上我 7 点钟起床” （4）当自己该回答时却不回答，不是自己该回答的人回答就要被淘汰 （5）最后剩下的一个人就是胜利者	15 分钟

续　表

三、正确认识自己	让组员能够学会如何正确地认识自己，以及总结自己对自己的认识是否到位	由上面这个游戏向组员提问“刚刚这个游戏是交换名字，大家对于别人的名字都不是那么熟悉。那么我就想问大家，你们对你们自己又了解多少呢？你们认为应该从哪些方面了解自己呢”——调动组员的积极性，让组员回答他们认为什么样才叫正确全面地认识自己 主持人收集同学的意见，与大家分享自己所学到的对认识自己的理解 1. 自我比较 2. 社会比较	25 分钟
四、正确认识自己、接纳自己的身体	引导组员关注自己的身体与健康	1. 头脑风暴：我是谁？我的身体状况如何 2. 卡片填写：最欣赏自己身体的哪个部位？最难以接受的是哪个部分？为什么 匿名分享卡片上的内容，引导组员分享对自己身体的认识，并学会关注自己身体、接纳自己的身体	25 分钟

续　表

<table>
<tr><td>五、总结</td><td>总结活动内容，鼓励组员积极参与</td><td>主持人引导组员关注自己青春期的身心变化与发展，思考自己在成长过程中遇到的困难；让组员写下对小组今后的期待</td><td>10 分钟</td></tr>
<tr><td colspan="4">附件：
正确认识自己
（1）自我比较。所谓自我比较，就是把现在的自我和过去的自我、所追求将来的自我进行比较，如果三者之间基本一致，个体就会肯定现在的自我，对自我是满意的、悦纳的，并产生自信和自尊；如果对过去的自我不满意，或觉得现在的自我与将来的自我有较大的差距，那么自我就会产生不平衡，对现在的自我就会持否定态度，个体的自信心会动摇，自尊心也会受到伤害
（2）社会比较。自我认识的另一条途径就是社会比较。这是美国社会心理学家菲斯汀格提出的。菲斯汀格认为，个体对于自己的评价是通过与他人的能力和条件的比较而确定的，是一个社会化过程。人们有一种心理倾向，总是不由自主地用别人的形象或某种特点来衡量自己，并据此对自己做出某种评价，或是自己优于别人而沾沾自喜，或是因自己不如别人而自惭形秽。美国曾有人做过这样一个实验：先请一些想谋求职业的人就指定的几个品质进行自我评价，然后把这些人分为两组，在两组求职者面前各出现一位先生，在一组中出现的是一位衣着考究、神态自信、温文尔雅、手提公文包的人；在另一组中出现的是落魄潦倒、畏畏缩缩、衣着肮脏的人。两位先生假装来办事。等两位先生走了之后，主试又让两组被试对自己的上述品质重新评价。结果，见过“干净先生”的那组的自我评价比第一次都降低了，而见过“肮脏先生”的那组人的自我评价比第一次评价都提高了。这个实验不仅证实了社会比较往往是无意识地进行的，而且也说明社会比较在形成和改变个体的自我认识中的重要作用</td></tr>
</table>

第二节活动　青春期的生理心理发展

活动的主题：青春期的生理心理发展

活动的目标：协助组员全面理解青春期的变化

主要内容：讲解有关青春期生理、心理变化的知识，协助组员全面理解青春期身心变化

活动时间：2015 年 11 月 17 日下午 16：30—18：00

工作人员：李丽珍　章修　刘永莉　朱丽莎　胡英　陆肸垚

服务对象：大学生若干名

工作地点：社工实验室

所需的材料：彩色卡纸、双面胶、笔、白纸、糖果若干

培训设计人：向阳小组

具体培训过程与计划

环节步骤（主题）	目　的	具体内容与过程	所需时间
一、热身游戏	打破心理防御，加强互动	传苹果（将组员分为三个小组） 规则：一男一女隔开坐成一排，用脖子和下巴、肩膀夹住苹果，一一传递，谁把苹果弄掉了，需要接受惩罚	10 分钟
二、青春期生理的变化	协助组员正确地对待自己以及异性间的变化	1. 头脑风暴：了解青春期的年龄阶段 2. 回顾自己及周围同学、朋友、兄弟姐妹若干年来的变化，并试图了解产生该变化的原因	

续 表

		3. 总结青春期生理变化的特点，采用 PPT 的形式，呈现青春期的生理变化 外形的变化 体内机能的增强 性的发育与成熟（重点） 案例的分析	35 分钟
三、青春期的心理变化	协助组员正确地认识到心理的变化，采取积极的措施	1. 头脑风暴：让组员思考进入青春期后他们的心理变化有哪些 2. 工作人员在黑板上做好记录，对同学们做出的回答进行归纳（四个阶段）（闭锁性占主导地位） 第一阶段为性（心理）意识朦胧阶段 第二阶段为牛犊的意识阶段，更加注意两性之间的特殊感情和关系 第三阶段为主动接近异性阶段（青春期）（性心理大门终于开启） 第四阶段为性心理成熟阶段	35 分钟

续 表

四、放松时光（轻音乐）	缓和气氛，感受进入青春的快乐	让同学们谈谈自进入青春期以来的自己的趣事	5 分钟
五、总结	总结活动，并表达支持和鼓励	对今天的活动进行总结，表扬组员的积极参与，鼓励他们继续保持，把自己所学到的东西与自己朋友分享	5 分钟

附件：

青春期生理特点

（1）身高体重迅速增加。原因：神经系统调节内分泌，分泌大量的生长激素，促使骨骼尤其是下肢骨细胞分裂生长速度加快，同时骨骼、肌肉、内脏器官的重量增加，故身高体重迅速增加。

（2）心输出量、肺活量、脑容量增大。

（3）性器官迅速发育：女：月经；男：遗精。

（4）第二性征出现。它的出现是靠性器官分泌的性激素。

男：喉结突起，嗓音变粗，发音低沉，固声带长而宽，出现小胡须，阴毛、腋毛相继出现。

女：嗓音高而尖，声带比男孩长，乳腺发育，骨盆宽大，臂部增宽变圆。

小结：青春期是生理发育突飞猛进的阶段，是性成熟期，是决定一生的体质、心理和智力发育的关键时期，对于身体上的变化，我们不要大惊小怪，在思想上要有充分准备，迎接人生的这个重要阶段。

青春期心理变化

第一阶段为性（心理）意识朦胧阶段，此时是一种本能感觉，开始注意男女之间的差异，两小无猜的单纯消失了，与同性伙伴来往多起来，对异性则采取疏远的态度，出现“三八线”，出现男女阵营，男孩成高傲的小公鸡，女孩表现为羞涩，他们对异性有一种神秘的新奇感，表面疏远，心中不断比较，评估差异性，滋长对异性的好感。

续　表

第二阶段为牛犊的意识阶段，更加注意两性之间的特殊感情和关系，尤其是对成年异性产生朦胧的爱恋，女意父，男意母（好奇心占主导地位）。 第三阶段为主动接近异性阶段（青春期）（性心理大门终于开启），身心逐步走向成熟，年轻人对异性的追求也由内心的向往逐渐转化为外在的行动。常以各种方式主动接近异性，并希望得到对方积极的反应。表现：注意自身在异性心目中的地位和形象，注意到仪表体型美，爱照镜子，为缺魅力而苦恼，羡慕成年男女，嫉妒周围的青年男女的交往，对所喜欢的异性开始留意观察，积极交往。 第四阶段为性心理成熟阶段。随着知识增多，青年男女逐步形成自己的性道德观和恋爱观，开始思考恋爱、婚姻家庭等问题。

第三节活动　青春期的社会性发展

活动主题：青春期的社会性发展

活动目标：协助组员理解青春期青少年的社会性需求，学会处理与他人的人际关系（尤其是对青春期异性关系的处理）

主要内容：青少年的社会需求；青少年人际关系的特点；如何处理与异性的关系

活动时间：2015 年 11 月 24 日下午 16：30—18：00

工作人员：李丽珍　章修　刘永莉　朱丽莎　胡英　陆肸垚

服务对象：大学生若干名

工作地点：社工实验室

所需的材料：纸、笔、大张的素描纸、彩色铅笔

培训设计人：向阳小组

续　表

具体培训过程与计划			
环节步骤（主题）	目　的	具体内容与过程	所需时间
一、热身小游戏	打破僵局，活跃气氛	介绍本次活动的内容与目的 组织热身小游戏“卖汤圆”	10 分钟
二、小组讨论：青少年的主要需求	协助组员理解青春期青少年的需求，尤其是社会性需求	采用“苹果、梨、香蕉”报数将组员分成三组 讨论“青少年期的主要需要”。每组组员在大白纸上记录讨论要点，并派一名组员做分享 工作人员将讨论结果，结合相关知识点，在大白纸上呈现青少年的主要需求	25 分钟
三、青春期的社会性发展	协助组员认识自己的人际交往状况	1. 教会组员绘制生态系统图 2. 让每个组员绘制自己的生态系统图 3. 通过组员的生态系统图，总结青春期的社会性发展主要包括以下几个方面 A. 与父母的关系 B. 与同伴群体的关系	

续　表

		C. 与异性的交往 4. 青少年与异性交往的主要策略	35 分钟
四、放松小游戏	让组员体会在解决团队问题中合作的重要性，从而激发同学间建立良好的人际关系	1. 解手链（分为三个小组、每个小组 10 个人），工作人员让每组圈着站成一个向心圈 2. 工作人员说：先举起你的右手，握住对面那个人的手；再举起你的左手，握住另外一个人的手；现在你们面对一个错综复杂的问题，在不松开的情况下，想办法把这张乱网解开 3. 告诉大家一定会解开，但答案会有两种，一种是一个大圈，另外一种是套着的环 4. 如果过程中实在解不开，工作人员可允许队员决定相邻两只手分开一次，但再次进行时必须马上握住	15 分钟
五、总结	总结本次活动，交代下次活动	主持人总结本次活动，鼓励组员分享感受，交代下次活动的主题、内容以及活动时间地点	5 分钟

续 表

附件： 青春期社会性发展的主要内容 一、与父母的关系 1. 亲子关系的变化 2. 亲子关系的冲突 3. 文化反哺 二、与同伴群体的关系 1. 同伴群体的影响力 2. 青春期亚文化 三、异性交往的发展 1. 青春期异性交往的现状 2. 大学生恋爱问题

第四节活动　青春期性心理与性议题 活动的主题：青春期性心理与性议题 活动的目标：促进组员对青春期性议题的关注，启发组员正确看待暗恋、失恋、自慰、同性恋等问题，引导学生正确处理恋爱中的性邀约，学会拒绝，保护自我 主要内容：热身游戏；青春期性议题小组讨论；大学生恋爱性邀约的应对 活动时间：2015 年 12 月 1 日下午 16：30—18：00 工作人员：李丽珍　章修　刘永莉　朱丽莎　胡英　陆肸垚 服务对象：大学生若干名 工作地点：社工实验室 所需材料：纸杯、水桶、计时器、视频设备、歌曲《同桌的你》 培训设计人：向阳小组

续　表

具体培训过程与计划			
环节步骤（主题）	目　的	具体内容与过程	所需时间
热身游戏	增进亲近感，考验成员配合、协作能力	衔纸杯传水 要求：人员选八名一组，男女交替配合。共选十六名组员，分两组同时进行比赛。另有两名人员辅助第一名人员倒水至衔起的纸杯内，再一个个传递至下一个人的纸杯内，最后一人的纸杯内的水倒入一个水桶内，最后在限定的五分钟内，看谁的桶内的水最多，谁就获胜	10分钟
青少年性心理与性议题	促进组员对青春期性议题的关注，启发组员思考应对相关问题的策略与方法	分三组讨论青春期性相关的议题，每个小组讨论一个不同的主题 1. 如何面对暗恋、失恋？您如何看待失恋？大学生应该树立怎样的恋爱观 2. 如何看待大学生的“自慰”？自慰可能带来的消极作用有哪些？如何消除自慰带来的心理困扰	

续　表

		3. 如何看待大学生群体中的同性恋现象？同性恋可能带来的社会问题是什么？如何和同性发展友谊 每个小组将主要讨论结果用大白纸方式予以呈现，并在全体组员面前做小组讨论展示与汇报 主持人将大学生青春期常见的心理问题与性议题知识小卡片发放给组员，作为小组讨论结果的补充材料，鼓励组员认真看待青春期的性问题，保持身心健康	40 分钟
大学生恋爱问题	让同学们认识恋爱可能面临的问题及处理方式	情景表演 1. 找两位同学扮演一对情侣进而引出恋爱这个话题，让同学们谈谈他们对于恋爱的看法 2. 让表演者进一步表演海边性邀约的场景	

续 表

		3. 引导学生讨论得出，如何处理恋爱中的性邀约。事先将知识小卡片做好，发放给组员，并请组员进行对话表演。让组员进一步学习拒绝性邀约的基本方法和策略，提高自我保护与疾病防治意识	30 分钟
放松时光	和大家分享一首《同桌的你》	让大家在放松心情的同时也能体会到歌曲中的唯美意境	5 分钟
总结	总结活动	总结本次活动，鼓励组员表达感受，肯定组员的参与，交代下一次活动	5 分钟

性邀约的处理	
性邀约	拒绝性行为的技巧
1. 别的恋人之间都是这样做的，我们那么相爱，就试试吧	1. 别人是别人，但是我还没有想好。我相信好多人都不会这样做，包括我在内
2. 如果你真的爱我，就应该理解我的感情，我真的非常想和你做爱	2. 我不跟你做爱，不等于我不爱你，如果你爱我的话，就不要逼我做我不想做的事嘛
3. 我们彼此那么爱着对方，还有什么不可以做的	3. 但是，我没有足够的准备，还要好好想一下

续 表

性邀约	拒绝性行为的技巧
4. 来啦，我们都是大人了，都已经成熟了，还等什么	4. 成熟的人做什么事都会想得清清楚楚，并会考虑后果。不如我们先讨论一下做过之后，会有什么样的后果和责任？你说好不好
5. 我们上次不是都已经试过啦，感觉也不错，这次你怎么又不愿意了	5. 上次归上次，现在我要再想想清楚，我想你是不会逼我的，是不是
6. 有性要求是正常的，而且性行为会使我们更亲近，我们来试试吧	6. 我知道有性要求是正常的，我可以理解你，但是你有没有想过“试试”会带来什么后果？我们之间的交流和尊重也会使我们更亲近
7. 总之我太爱你了，有些控制不住，现在就想要	7. 你太冲动啦！如果你爱我，你应该顾及我的感受
8. 我知道你其实同我一样很想试试的，为什么不试试呢	8. 其实你都不知道我想要什么，证明你都不了解我！我要的，是真正关心我，并尊重我的人
9. 拥抱使我很兴奋，如果你真的爱我，就证明给我看	9. Sorry！我不想的！爱不是这样证明的吧！不如我们冷静一下好不好
10. 如果你不肯，就说明你不是真爱我，那我就找别人了	10. 我觉得你好不尊重我！你真的爱我？如果你真是这样想的，我倒要好好想想，你是否真的值得我爱

第五节活动　保护自我，预防性侵 活动主题：保护自我，预防性侵 活动目标：让组员了解性侵害的现状、特点，意识到自我保护的重要性，学习自我保护的技巧和方法，远离性侵害 主要内容：性侵害的主要概念、表现形式，预防性侵害的主要策略 活动时间：2015 年 12 月 8 日下午 16：30—18：00 工作人员：李丽珍　章修　刘永莉　朱丽莎　胡英　陆肸垚 服务对象：大学生若干名 工作地点：社工实验室 所需的材料：大张素描纸，彩笔 培训设计人：向阳小组

具体培训过程与计划

环节步骤（主题）	目　的	具体内容与过程	所需时间
热身环节	活跃气氛，促进组员融入	我爱你或不要脸 规则：众人围坐成一圈，规定只能对自己左边的人说“我爱你”，对右边的人说“不要脸”。两人之间只能连续对话三次。一旦有人说错，即受罚 亮点：当游戏达到一定速度时，反应跟不上的人，往往会出现“我……不要脸”或“不……我爱你”之类的经典“自白”	10 分钟

续 表

知识讲解：性侵害的现状与特点	促进组员对性侵害的了解，明白性侵害离我们并不远	第一，主持人给组员播放一段有关青少年性侵害的纪录片（或者从网上下载下来的新闻图片资料，做成简短视频） 第二，组员观看视频资料后，以头脑风暴方式总结青少年遭遇性侵害的主要表现形式，主要特点和危害 第三，知识讲解，主持人对青少年遭遇性侵害的现状，表现形式、特点、危害进行现场讲解	40 分钟
保护自己远离性侵	通过案例的分析，让组员学习到保护自己的方式方法，使组员可以快乐地度过青春期，远离性侵害	案例讨论 向组员呈现一案例，案例中 15 岁女孩小丽因为遭遇邻居成年男性李某的性侵害，被威胁不敢告诉父母，竟在随后的三个月内多次遭遇性侵，直到小丽怀孕被母亲发现才被知晓。讨论：如何看待案例中小丽的隐瞒行为？如果你是小丽你会如何处理？大学生应该如何保护自己，免受性侵害与伤害 主持人将组员讨论结果归纳到大白纸上，并将事先准备的预防性侵害宣传小折页发放给小组组员，供大家参考学习	30 分钟

续　表

放松环节	评估大家进一步学习性健康知识的需求	让大家在纸上描绘出自己理想的性教育课堂	5分钟
总结	总结本次活动	总结今天活动的主要内容，告诉组员下一次活动将是最后一次活动	5分钟

附件：（宣传下折页内容）

预防性侵害的策略

1. 单独外出注意防范

（1）不要走僻静的道路。坏人一般选择偏僻的小路或街道、废弃的厂房、公园里行人较少的小树林、影剧院的角落、网吧附近的阴暗处等地方作案，如果经过这些地方要做好准备，以防遭受犯罪分子性侵害甚至人身伤害。

（2）夜间单独外出要格外小心。晚上6点到凌晨6点是性犯罪高发时段。特别是夏季的夜晚更是性侵害发案的高峰期。在此期间，女生外出时不要穿着过分暴露，以免诱发性犯罪。上街或外出也不宜携带过多的钱物。劫财劫色常常是相连的，许多歹徒实施违法犯罪活动时，往往从劫财开始，到劫色结束。

（3）不要长时间与异性独处一室。女生去老师的办公室或寝室、男生的卧室，一般不宜超过30分钟。密闭的空间和熟悉的人容易使女生放松警惕，遭受对方的性侵害。与陌生男人相识，不要轻率地跟随其回家或者去酒店，也不要喝对方提供的饮料，以防其在饮料里放催眠药，使自己丧失反抗能力。

（4）女生独行时，要提高警惕，注意观察。如果发现有人尾随，就尽快改变行走路线，想办法甩掉对方，如到派出所、治安亭、交通岗，以此阻断对方的跟踪，也可以采用逆向候车、突然过街道乘公交车辆的方法甩掉对方。

（5）有人挡道拦截或纠缠时，要想办法尽快脱身，如可就近求助于行人、住户，夜晚可奔向有光亮、有声音的方向。如果处于危险境地，应大声呼喊。这样一方面可以引起周围群众的注意，另一方面呼喊本身足以震慑作案分子。呼喊之后，瞅准时机迅速逃离险境。

续　表

2. 女生宿舍要做好防范

（1）经常进行安全检查。如发现门窗损坏，及时报告学校有关部门修理。

（2）回宿舍就寝时，要留心门窗是否完好，防止犯罪分子潜伏伺机作案。就寝前，要关好门窗，在天热时也不能例外，防止犯罪分子趁自己熟睡时作案。

（3）夜间如有人敲门，要问清是谁再开门。如发现有人想撬门砸窗闯进来，寝室的同学要一起呼救，并做好齐心协力反抗的准备。夜间去寝室外上厕所时，最好叫上一个同伴，并带上电筒，上厕所前先仔细查看一下。周末或节假日，如其他同学回家，最好不要独自一人住宿。

3. 应对性侵害的方法

万一遭遇性侵害的犯罪行为，我们该怎么办？应采取灵活的方法应对。提供以下方法：

（1）遇到陌生人欲实施性侵害，要机智应对。在僻静的街道、楼房的拐角处、小树林等行人少的场所，尽量保持冷静，与对方周旋，斗智斗勇。

（2）遇到熟人欲实施性侵害，应明确表示反对，态度应坚决。其实发生性侵害大部分会是熟人，如同学、网络结交的朋友、周围邻居等。遇到这类情形要敢于说“不”，理直气壮地让对方“住手”，想法让对方明白这样做是违法的行为。随即迅速离开现场，防范对方纠缠。一般情况下，只要当事人大胆拒绝，就可以使对方终止侵害行为。寻找机会呼喊和采取各种手段挣脱。在与侵犯人周旋时，要有智有勇，歹徒做贼心虚，看见附近有人，一般不再纠缠。

（3）抓住对方弱点，瞅准时机全力拼搏，常常能够自救。

（4）万一不幸受辱，不要说刺激罪犯的话，避免激发加害者杀人灭口。及时报警，并保留提交证据。如果一切努力都失败，还是受到侵害，这并不是你的错，而是坏人的错。一定不要惊异或感到羞耻，要勇敢面对现实，及时告诉自己的家长和老师并报警。

资料来源：https：//jingyan. baidu. com/article/1876c85287ae9f890b13768c. html.

<table>
<tr><td colspan="4">第六节活动　回顾与分离
活动的主题："爱要负起责任来"
活动的目标：通过晚会的形式让大家回顾小组活动的过程与内容，凸显主题"爱要负起责任来"
主要内容：青春健康教育视频播放；青春健康教育小品、歌剧展示；大学生青春健康教育知识竞赛颁奖等
活动时间：2015 年 12 月 15 日下午 19：30—21：00
工作人员：李丽珍　章修　刘永莉　朱丽莎　胡英　陆阶垚
服务对象：大学生若干名
工作地点：音乐舞蹈学院多功能厅
所需的材料：话筒、投影、服装、道具、宣传折页、签到海报等
培训设计人：向阳小组</td></tr>
<tr><td colspan="4">具体培训过程与计划</td></tr>
<tr><td>环节步骤（主题）</td><td>目　的</td><td>具体内容与过程</td><td>所需时间</td></tr>
<tr><td>序</td><td>—</td><td>勇敢面对性</td><td>—</td></tr>
<tr><td>第一篇</td><td>—</td><td>性教育</td><td>—</td></tr>
<tr><td>第二篇</td><td>—</td><td>艾滋病</td><td>—</td></tr>
<tr><td>第三篇</td><td>—</td><td>爱要负起责任来</td><td>—</td></tr>
</table>

九、预计的困难与应变计划

预计的困难	**应变计划**
第一节活动：预计大家也许会因为是才接触，难免会出现羞涩，也有可能出现抵触情绪拒绝参加活动	1. 此时工作人员要及时进行疏导，不能让其影响到其他组员 2. 针对组员羞涩情绪，我们可以通过小活动或游戏消除他们的羞涩

续 表

预计的困难	应变计划
	3. 主持人要及时反思，也许是自己亲和力不够，及时作出调整
第二节活动：这节活动涉及的是青春期生理心理的发展，预计组员会不愿意参与，或者羞于参与。也许有的组员会异常的激动	1. 面对组员的羞涩，工作人员应在一旁对其进行疏导，帮助其正确的认识发展变化 2. 面对组员异常激动的情景，主持人可以让其他成员参与进来与他一起讨论，限制时间
第三节活动：这节活动涉及的是社会性交往，开始我们做了自尊测量表，有的同学会由于测量表的结果影响到情绪	我们要向组员们表明，这样的测量表只是为了让大家更了解自己，而且会由于你的情绪影响到测量的结果
第四节活动：这节活动中我们已经开始说到性心理以及性问题，一部分同学仍然会感到很害羞，不愿意谈及	面对这个情况，主持人不应该强迫其继续听下去，而应该让其他工作人员介入，对他/她进行耐心地讲解，直到组员能够接受
第五节活动：这节活动涉及青春期性教育的现状，会有案例的分析与场景扮演。担心组员面对案例会很无奈，无法平息自己愤怒的情绪。场景扮演没有组员愿意自己站出来扮演	1. 为避免组员出现情绪的波动，选择他们相对能接受的案例

续　表

预计的困难	应变计划
	2. 主持人对组员给予鼓励和支持，如果仍然没有组员自愿，那么主持人就可以挑选平时表现积极的同学来扮演
第六节活动：这节活动是回顾与分离，面对分离，组员也许会出现拒绝结束小组活动的情绪，出现两极行为，不参加最后一次活动	1. 工作人员帮助组员认识分离带来的正面感受 2. 让组员了解到小组经验带给自己的重要意义 3. 做好小组活动评估

十、评估方法

（1）活动开展前对组员信息有一定的了解（组员是否是自愿参加小组；组员之前是否参加过类似的小组活动），根据组员特征制订相应的活动计划。

（2）在每次活动结束的时候了解组员的期望。

（3）在小组活动最后一节中，让组员分享自己这几周活动的收获。

（4）工作人员在活动中做好记录，到结束的时候对比组员的变化。

（5）对出勤率及参与投入程度进行评估。

（6）透过工作人员对组员的跟进，进一步对小组活动效果进行评估。

【参考文献】

［1］刘梦主编．小组工作［M］．北京：高等教育出版社，2003.

[2] 汪新建主编. 人类行为与社会环境 [M]. 天津: 天津人民出版社, 2008.

[3] 易友新. 试论中学生性教育 [D]. 南宁: 广西师范大学, 2001.

[4] 中国计划生育协会. 成长之道——青春健康生活技能培训指南 [M]. 北京: 中国人口出版社, 2002.

小组工作方法在青春健康教育中的实例 2

高中生自我认识小组

(董般江　白红敏　黎太纯　徐　明　杨仕波)

一、服务背景

自我认识是对自己在某些方面能力的判断，对自己的价值、信念、意见及是非对错的肯定程度，自我认识包括自己对自己的认识和通过外界条件认识自己，自己对自己的认识关乎个人的自尊感，个人对自己的感受，其中包括对自我价值的洞悉，自我接受等；而通过外部条件认识自己则是关联到身边的家人、老师、朋友、同学等等。可以说自我认识是成功的第一秘诀。自我认识是指一个人对自己的生理、社会、心理等方面的意识，属于自我意识的认识范畴。它包括自我观察、自我图式、自我概念、自我评价等。

良好的自我认识对一个人是否能成功，占有关键性的地位。你认为自己是怎样的人，就会怎样去表现，这两者是一致的。你觉得自己是个有价值的人，结果你就会变成有价值的人，做有价值的事，而且拥有一些有价值的事物。你觉得自己一文不值，你就不会得到有价值的事物。良好的自我认识是成功快乐的起点。在你真正喜欢别人以前，你必须先接纳自己。在你未接纳自己之前，动机、设定目标、积极的思考等等，都不会为你工作。在成功、快乐属于你之前，你必须先觉得这些事情很值得。具有不良的自我认识的人，容易看到自己是为其他人工作，而不是替他自己工作。一个人能不能成功的决定因素，不在于他拥有多少条件，而在于他如何评价自己，这种自我评价，也决定了别人对他的评价。在人们的生存和发展过程中，情绪常常伴随左右，各种不同的情绪对于人们事业的成功、爱情的甜蜜、家庭的温暖产生巨大的影响。在人们所表现的情绪中，一种情绪往往隐藏在与之对立的另一种情绪的后面。发现和研究那个秘密的、隐藏起来的情绪，对于人们很好地生存有着非常重要的意义。尤其对青少年学生的自我认识研究很有必要与迫切。

《马克思恩格斯全集》认为“自由的首要条件是自我认识”。① 苏霍姆林斯基说：“自我教育从自我认识开始。”“人，只有当他了解自己时，才能教育自己。”② 从这几句名言中可以切实体会到，自我认识有着重要的意义，对于中学生而言，处于人生发展的关键阶段，身处学习压力较大的校园环境，自我认识的重要性更是不言而喻的，然而，就现状而言，中学生自我认识存在不少盲区：有相当一部分同学对自我认识模糊不清，直接表现为自负、自卑，生活杂乱无序，对生活缺乏乐趣，个人目标不明确等现象。

马克思曾明确指出：“个人所产生的观念，是关于他们同自然界的关系，或者是关于他们之间的关系，或者是关于他们自己的肉体组织的观念。”③ 显然，在这几种情况下，这些观念

① 转引自吴炳海. 论实践的自我认识功能［J］. 浙江大学学报（人文社会科学版），1997（4）：53—61.

② 转引自王军锋，黄亚婷. 中学生自我教育能力的培养［J］. 教学与管理，2008（3）：44—45.

③ 转引自张苗. 关于马克思“现实的个人”理论的解析［D］. 苏州大学，2014.

都是他们的现实关系和活动、他们的生产、他们的交往、他们的社会政治组织的有意识的表现（不管这种表现是真实的还是虚幻的）。这段话中连续出现“他们的”这一提法，表明马克思认为认识在本质上是人们对自身的认识。

自我认识是自我意识的认知成分。它是自我意识的首要成分，也是自我调节控制的心理基础，它包括自我感觉、自我概念、自我观察、自我分析和自我评价。马克思主义德育论认为，认识同自我认识是统一的过程；自我认识从一定意义上来说是认识的结果，又是进一步认识的条件或内部动力。正确的自我认识就是指一个人对自我的认识要与自我的实际情况相符合。

中学生自我认识的重要性体现在以下几个方面。

（一）正确认识自我的必要性

据《中学生心理健康调查研究》显示，有 45.65% 的中学生认为自己自卑，缺乏自信心，其原因主要与自我理想过高、过分追求完美、丧失优越感有关。成功的前提是对自己有清楚的认识。一个敢于剖析自己的人常常会赢得人们的尊重，并取得成功。对自我认识的错误不仅影响中学生在校时的学习和生活，而且也影响他们今后的择业和事业发展，合格的中学生应该能正确地认识自我、发展自我进而实现自我。

（二）自我认识是职业生涯规划的前提

个人进行职业生涯规划首要的前提便是认识自我、认清自我，只有这样，才能制定出适合个人的规划，才能起到规划的作用，才能为个人的发展提供导向作用。

（三）接受自我和超越自我的基石

自我接受是自我超越的前提，只有以自我接受为前提，发展的路上才能有的放矢，事半功倍，顺利实现自我超越。

（四）有利于克服自我偏差

通过对自我认识的探讨，中学生能够知道怎样去全面、客观地认识自我，这有利于克服平时经常出现自我认识的偏差，是调整学生自负、自卑等情绪的重要途径，为中学生健康成长提供良好的基础。

（五）正确认识自我是心理健康发展的重要方面

中学生主观的自我往往容易高于或低于客观的自我，从而导致自大或自卑。自大就是盲目地认识自己，认为自己什么方面都比别人强，对他人容易产生鄙视情绪，自大者缺乏自我批评，而且不允许别人批评，回避或否认自己的缺点，缺乏自知能力，不能与人和谐相处，容易失败，也容易受伤害。自卑就是对自我怀有否定和怀疑的情绪，是自尊心屡屡受挫的结果，自卑者过于计较自己的缺点、不足和失误，因自卑而心虚胆怯，遇到问题选择逃避或退缩，自卑对中学生心理最大的影响就是自我否定和自我拒绝，形成消极的心理定式，使自己失去上进的动力，这种自我认识也是对心理健康不利的。

因此，设计青少年自我认识小组，意在促进组员自我认知，从而建立起自我认同。本次小组活动尝试从社会学、心理学、教育学等视角，结合社会工作，采用行动实践策略和理论架构作为中学生自我认识训练的指导，旨在提高中学生自我认识能力，促进其心理健康的发展，并实现其学习质量的提高，增强其迈向成功的能力，让其的生命价值得到实现以及超越。

二、理论基础

（一）镜中自我理论

镜中自我理论由美国社会学家查尔斯·霍顿·库利在他的1909年出版的《社会组织》一书中提出。他认为，人的行为很大程度上取决于对自我的认识，而这种认识主要是通过与他人的社会互动形成的他人对自己的评价、态度等等，是反映自我的一面“镜子”，个人通过这面“镜子”认识和把握自己。因此，人的自我是通过与他人的相互作用形成的，这种联系包括三个方面：①关于他人如何认识自己的想象；②关于别人如何评价自己的想象；③自己对他人的这些认识或评价的情感。在这其中，前两项只有在与别人的接触中、透过别人的态度才能获得。库利认为，镜中我也是社会我，传播特别是初级群体中的人际传播，是形成镜中我的主要机制。一般来说，这种以镜中我为核心的自我认知状况取决于他人传播的程度，传播活动越活跃，越是多方面，个人的镜中我也就越清晰，对自我的把握也就越客观。

镜中自我理论对小组的启示：①小组是一个微型的社会缩影，是一个通过互动而存在和发展的有机体。②小组工作所提供的密切的互动和真实的回馈，可以帮助组员在小组中感知他人对自己的反映和评价，建立更正确的自我意识、自我形象和自我评价。③重视首属小组的作用，特别是家庭对个人成长的影响以及给个人终生的发展打上的烙印，是很多理论都涉及的观点。在小组工作中，尤其是治疗性的小组，通过探讨个人的首属小组对个人的具体影响，尤其是个人首属小组中的人际关系对个人目前的人际关系模式的影响和个人的非适应性行为的来龙去脉，可以帮助成员获得更深入的自我觉察。

本次活动拟采用镜中自我理论对自我认识的方法，为组员提供密切的互动和真实的回馈，可以帮助组员在小组中感知他人对自己的反映和评价，建立更正确的自我意识、自我形象和自我评价，帮助组员获得更深入的自我觉察，增强其自我认识能力。

（二）社会学习理论

社会学习理论是一种在“刺激—反应”学习原理及认知学习论基础上发展起来的理论，着重阐述人是怎样在社会环境中学习的。它着眼于观察学习和自我调节在引发人的行为中的作用，重视人的行为和环境的相互作用。班杜拉认为，人的行为，特别是人的复杂行为主要是后天习得的。行为的习得既受遗传因素和生理因素的制约，又受后天经验环境的影响。生理因素的影响和后天经验的影响在决定行为上微妙地交织在一起，很难将两者分开。班杜拉认为行为习得有两种不同的过程：一种是通过直接经验获得行为反应模式的过程，班杜拉把这种行为习得过程称为“通过反应的结果所进行的学习”，即我们所说的直接经验的学习；另一种是通过观察示范者的行为而习得行为的过程，班杜拉将它称之为“通过示范所进行的学习”，即我们所说的间接经验的学习。

班杜拉的社会学习理论所强调的是观察学习或模仿学习。在观察学习的过程中，人们获得了示范活动的象征性表象，并引导适当的操作。

在小组活动中，组员可以通过观察别人的行为及其结果而进行学习。工作者通过赞赏和惩罚使组员的行为得到强化。在学习过程中强调认知的重要性，对人的尊严和能动性给予充分的肯定，组员可以根据自己过去的经验有选择地去接受或回馈信息。

（三）需要理论

马斯洛认为，人的需要是有层次的，按照它们的重要程度和发生顺序，呈梯形状态由低级向高级需要发展。人的需要主要包括：生理需要、安全需要、社会需要、尊重需要和自我实现的需要。需要总是由低到高，逐步上升的，每当低一级的需要获得满足以后，接着就要求满足高一级的需要。由于各人的动机结构的发展情况不同，这五种需要在个体内所形成的优势动机也不相同。当然，这并不是说当需要发展到高层次之后，低层次的需要就消失了；恰恰相反，低层次的需要仍将继续存在，有时甚至还是十分强烈的。为此，马斯洛曾经指出，要了解员工的态度和情绪，就必须了解他们的基本需要。

其中，社会需要主要包括社交的需要、归属的需要以及对友谊、情感和爱的需要。社会需要也叫联系动机，是说一个人在前面两种需要基本满足之后，社会需要便开始成为强烈的动机。人们一般都有社会交往的欲望，希望得到别人的理解和支持，希望同伴之间、同事之间关系融洽，保持友谊与忠诚，希望得到信任和爱情等。另外，人们在归属感的支配下，希望自己隶属于某个集团或群体，希望自己成为其中的一员并得到关心和照顾，从而使自己不至于感到孤独。社会需要是一种比生理需要、安全需要更细致、更难以捉摸的需要，它与一个人的性格、经历、受教育程度，所隶属的国家和民族以及宗教信仰等都有一定的关系。

尊重需要，即自尊和受人尊重的需要。例如，人们总是对个人的名誉、地位、人格、成就和利益抱有一定的欲望，并希望得到社会的承认和尊重。这类需要主要可以分为两个方面：①内部需要，就是个体在各种不同的情境下，总是希望自己有实力、能独立自主，对自己的知识、能力和成就充满自豪和自信；②外部需要，就是一个人希望自己有权力、地位和威望，希望别人和社会看得起，能够受到别人的尊重、信赖和高度评价。马斯洛认为，尊重需要得到满足，能使人对自己充满信心，对社会满腔热情，体会到自己生活在世界上的用处和价值。

自我实现的需要也叫自我成就需要。它是指一个人希望充分发挥个人的潜力，实现个人的理想和抱负。这是一种高级的精神需要，这种需要可以分为两个方面：①胜任感。表现为人总是希望干称职的工作，喜欢带有挑战性的工作，把工作当成一种创造性活动，为出色地完成任务而废寝忘食地工作。②成就感。表现为希望进行创造性的活动并取得成功。例如，画家努力完成好自己的绘画，音乐家努力演奏好乐曲，指挥员千方百计要打胜仗，工程师力求生产出新产品等，这些都是在成就感的推动下而产生的。

本次活动拟采用需要理论中的社会需要、尊重需要、自我实现的需要理论，让组员了解自己的需要，锻炼组员的自我认识能力，学习逐步完成自我的实现。

（四）个人 SWOT 分析理论

SWOT 分析，即基于内外部竞争环境和竞争条件下的态势分析，就是将与研究对象密切相关的各种主要内部优势、劣势以及外部的机会和威胁等，通过调查列举出来，并依照矩阵形式排列，然后用系统分析的思想，把各种因素相互匹配起来加以分析，从中得出一系列相应的结论，而结论通常带有一定的决策性。

运用这种方法，可以对研究对象所处的情景进行全面、系统、准确的研究，从而根据研究结果制定相应的发展战略、计划以及对策等。

S（strengths）、W（weaknesses）是内部因素，O（opportunities）、T（threats）是外部因素。按照竞争战略的完整概念，战略应是一个“能够做的”（即强项和弱项）和“可能做的”（即环境的机会和威胁）之间的有机组合。

进行 SWOT 分析时，主要有以下几个方面的内容。

1. 分析环境因素

运用各种调查研究方法，分析出自己所处的各种环境因素，即外部环境因素和内部能力因素。外部环境因素包括机会因素和威胁因素，它们是外部环境对自己的发展直接有影响的有利和不利因素，属于客观因素；内部环境因素包括优势因素和劣势因素，它们是自己在其发展中自身存在的积极和消极因素，属主动因素，在调查分析这些因素时，不仅要考虑到历史与现状，而且更要考虑未来发展问题。

优势和劣势，是个人的内部因素。机会与威胁，是组织机构的外部因素。

SWOT 方法的优点在于考虑问题全面，是一种系统思维，而且可以把对问题的“诊断”和“开处方”紧密结合在一起，条理清楚，便于检验。

2. 构造 SWOT 矩阵

将调查得出的各种因素根据轻重缓急或影响程度等排序方式，构造 SWOT 矩阵。在此过程中，将那些对个人发展有直接的、重要的、大量的、迫切的、久远的影响因素优先排列出来，而将那些间接的、次要的、少许的、不急的、短暂的影响因素排列在后面。

3. 制订行动计划

在完成环境因素分析和 SWOT 矩阵的构造后，便可以制订出相应的行动计划。制订计划的基本思路是：发挥优势因素，克服劣势因素，利用机会因素，化解威胁因素；考虑过去，立足当前，着眼未来。运用系统分析的综合分析方法，将排列与考虑的各种环境因素相互匹配起来加以组合，得出一系列个人未来发展的可选择对策。

SWOT 分析法需要总结自己的优势、劣势、机会和挑战，然后结合这四方面进行深入分析。

优势分析：在自己的人生中，如果你能根据自身长处在选择并顺势而为地将自己的优势发挥得淋漓尽致，就会事半功倍，如鱼得水；如果你像让兔子学游泳那样选择了与自身爱好、兴趣、特长背道而驰的东西，那么，即使以后再勤奋弥补，耗费了九牛二虎之力，也是事倍功半，难以补拙。自我提升的前提是：知道自身优势是什么，并将自己的生活、工作和事业发展都建立在这个优势之上。具体来说，就是要知道：①你学了什么。在几年的学习生活中，你从学校开设的课程中学到了什么有价值的东西，社会实践活动提高和升华了你哪方面的知识和能力。②你曾经做过什么。在学校期间担当的学生职务，参加过什么社会实践活动，工作经验的积累程度如何等。要提高自己经历的丰富性和突出性，你应该有针对性地选择与目标相一致的学习项目，坚持不懈地努力学习，这样才会使自己的经历有说服力。③最成功的是什么。你做过的事情中最成功的是什么？如何成功的？通过分析，可以发现自己的长处，譬如坚强的意志、创新精神，以此作为个人深层次挖掘的动力之源和魅力闪光点，形成个人人生的有力支撑。

劣势分析：同样，你要指出你的劣势和你最不喜欢做的事情。就像小兔子一样，不知道自己的劣势在哪里，就会盲目高兴，会觉得天生能做好许多事情，从而沉浸在自我优势的圈子里，像井底之蛙，不知天到底有多大。找到自己的短处，可以努力去改正自己常犯的错误，提高自己的技能，放弃那些对不擅长的技能要求很高的定位。具体来说就是要知道：①性格的弱点。人天生就都有弱点，这是我们与生俱来且无法避免的。坐下来，跟别人好好聊聊，看看别人眼中的你是什么样子的，与你的自我看法是否一样，指出其中的偏差并借鉴，这将有助于自我提高。②经验或经历中所欠缺的方面。欠缺并不可怕，怕的是自己还没有认识到或认识到了而一味地不懂装懂。正确的态度是，认真对待，善于发现，努力克服和提高。③最失败的是什么。你做过事情中最失败的是什么？如何失败的？通过分析来避免在以后的人生中再次失败，防止在跌倒的地方再次跌倒。

自我认识一定要全面、客观、深刻，绝不能规避缺点和短处。“当局者迷，旁观者清”，尽量多参考父母、同学、朋友、师长、专业咨询机构等的意见，力争对自我有一个全面的认识。

机遇分析：环境为每个人提供了活动的空间、发展的条件和成功的机遇。特别是近年来，社会的快速变化，科技的高速发展，市场的竞争加剧，对个人的发展产生很大的影响。在这种情况下，个人如果能很好地利用外部环境，就会有助于个人发展的成功。否则，就会处处碰壁，寸步难行。同时，我们也面临各种各样的机遇，比如，经济快速发展为我们提供了发展空间，网络技术的发展使我们能了解更多的信息等等。这都是中学生面对的机遇。有人说，在机会面前有五种人：第一种人创造机会，第二种人寻找机会，第三种人等待机会，第四种人错过机会，第五种人漠视机会。我们如果做不了第一种人，至少也要主动去寻找机会。如果我不善于创造机会，那我们一定要善于抓住身边的机会，不可让机会从指尖流走。

挑战（威胁）分析：除了机遇，在这个社会中，我们也会面对各种各样的挑战和威胁。这是我们无法控制的外部因素，但是我们却可以弱化它的影响，对于挑战，我们不能采取一味地回避的态度，或者自怨自艾，抱怨就更不好了，因为我们不能让社会适应你，只能改变自己，提高自己适应社会的能力，通过努力，把挑战转化为一种内在的动力。这样，我们才能避免不利的影响，在困境中脱颖而出，寻求发展，获得成功。

SWOT 分析是检查你的技能、能力、职业、喜好和职业机会的有用工具。如小组成员对自己做个细致的 SWOT 分析，那么，就会很明了地知道自己的个人优点和弱点在哪里，并且能仔细地评估出自己发展的机会和威胁所在。

三、服务目标

本次活动尝试从社会学、心理学、教育学等视角，结合社会工作，采用行动实践策略和理论架构作为高中生自我认识训练的指导，旨在提高高中生自我认识的能力，促进其心理健康的发展，并实现其学习质量的提高，增强其迈向成功的能力，让其的生命价值得到实现以及超越。在活动过程中，让学生发现并认识到自身所具备的能力，同时提高学生不断开发自我认识的意识。通过小组工作，掌握增强自我认识的方法；通过有效的训练来开发个体的自我认识；并通过设计活动，让学生个体在活动中增强自信心，进而推动组员的全面发展。

四、小组及小组成员特征

青少年期的生理特征具有其突变性，表现为形体、形态、内分泌等一系列的生理现象都要发生一个迅速而巨大的变化。其具体表现：

（1）内分泌机制完善；

（2）生理机能逐步增强；

（3）第二性征出现。

生理变化是心理变化的物质基础。随着生理的变化，以及环境的影响，教育的作用，在心理发展上就产生了许多不同的特点。主要心理特征为：

（1）智力发展显著；
（2）自我意识增强；
（3）性意识的觉醒和发展；
（4）情感的发展与现实的矛盾。

五、小组组员

（1）组员：曲靖市工商学校高52班学生。
（2）分工：6名工作者，其中督导1名：王洪老师；组长1名：董殷江；组员4名：白红敏、黎太纯、杨仕波、徐明。
（3）小组要求：
①对于工作者，崇尚专业伦理、能协调个人与环境的关系、团体协作能力强、积极进取。
②对于组员，需要进行自我认识训练的高中生。

六、活动的安排

1. 性质：教育小组、成长小组、意识提升小组
2. 节数：六节
3. 时间：2015年11月19日—2015年12月16日
4. 地点：曲靖市工商学校高52班教室
5. 人数：75人

七、活动前的准备

1. 准备好活动中所需的所有器材
2. 明确时间、地点、组员人数，做好分工工作
3. 做好活动计划
4. 预想活动中可能出现的问题、做好应变计划

八、每节具体活动计划

<table>
<tr><td colspan="4">第一节活动　“心连心”相互认识
活动的主题：“心连心”相互认识
活动的目标：认识彼此，了解小组性质及目的，制定小组规范
主要内容：自我介绍；小组介绍；订立小组契约；评估组员需求
活动时间：90 分钟
工作人员：董殷江、杨仕波
服务对象：曲靖市工商学校高 52 班学生
工作地点：曲靖市工商学校
所需的材料：彩色卡纸、双面胶、笔、便利贴、气球、打气筒</td></tr>
<tr><td colspan="4">具体培训过程与计划</td></tr>
<tr><td>环节步骤（主题）</td><td>目　的</td><td>具体内容与过程</td><td>所需时间</td></tr>
<tr><td>一、自我介绍</td><td>让组员及工作人员间互相认识</td><td>活动之前给每位组员发放胸牌，以便于相互认识
主持人先进行自我介绍，包括我们的身份，我们要开展的活动，并且对大家的到来表示赞扬，说明对组员的关心
组员介绍形式：采用按座位依次介绍的方式；介绍内容包括姓名及在班级中的角色等问题</td><td>20 分钟</td></tr>
<tr><td>二、热身游戏</td><td>缓解氛围，活跃气氛</td><td>踩气球游戏</td><td>10 分钟</td></tr>
</table>

续　表

三、介绍小组	让组员更清楚小组的目的及内容，并澄清他们的疑问	介绍小组的目的及内容	15 分钟
四、订立小组契约	与组员一起订立小组规范，使他们对小组更有归属感及能承担责任	运用讨论协商，投票决定的方式与组员一起订立小组规范并澄清小组内应有的秩序	20 分钟
五、许愿树	评估组员的期望	将画好树的白纸张贴在黑板上；每人发一个便利贴，将自己对小组的期望写下来，张贴在树上	15 分钟
六、总结	总结活动	总结本次活动，鼓励组员表达感受以及对今后活动的期待与建议，交代下次活动相关事宜	10 分钟

附件：

小组规范

工作者

1. 真诚、热情并尊重每一位组员
2. 接纳每一位组员，价值中立
3. 公正、公平地对待每一位组员，不歧视
4. 不批评、不评价组员的任何言行
5. 用心倾听组员心声
6. 虚心接受组员建议

续 表

7. 认真准备每一次活动，即为对组员的最大尊重 8. 提升组员整体自信心，教会组员自我提升、自我应对问题的能力 9. 助人自助，提升组员间的凝聚力、认同感 组员 1. 准时参加活动，不要无故迟到、早退 2. 有事应提前向负责人请假 3. 以小组为中心，统一行动 4. 小组成员互帮互助，不要把个人情绪带到小组活动中去 5. 有意见、建议的可私下找负责人反映、协商，不能影响整组组员情绪 6. 积极主动参与小组活动 7. 积极配合工作人员的安排 8. 积极维护小组纪律，不捣乱 9. 按时、按质、按量完成小组作业 10. 尊重组员和工作人员，不得歧视、谩骂组员和工作人员 11. 对工作人员有抵触情绪时，要积极向负责人反馈意见 12. 积极主动与工作人员沟通、交流 13. 互相配合、互相合作，为完成共同的目标而努力奋斗 14. 积极地为小组出谋划策，维护小组荣誉，增强小组凝聚力和自信心 15. 组员间应该相互扶助、开放、宽容和信任 16. 认真对待感想和经验的交流与分享 小组工作目的 本次活动尝试从社会学、心理学、教育学等视角，结合社会工作采用行动实践策略和理论架构作为高中生自我认识训练的指导，旨在提高自我认识的能力，促进其心理健康的发展，并实现其学习质量的提高，增强其迈向成功的能力，让其的生命价值得到实现以及超越。在活动过程中，让学生发现并认识到自身所具备的能力，同时提高学生不断开发自我认识的意识。通过活动掌握增强自我认识的方法，通过有效的训练来开发个体的自我认识，并通过设计活动让学生个体在活动中增强自信心，进而推动组员的全面发展

<table>
<tr><td colspan="4">

第二节活动　认识自我，探寻自我
活动的主题：认识自我，探寻自我
活动的目标：让组员通过内部资源、外部环境有机结合来清晰地确定自己的资源优势和缺陷，了解自己所面临的机会，从而在战略与战术两个层面加以调整方法、资源以保障自己的行为达到所要实现的目标
主要内容：热身游戏；认识自己；我眼中的我，他人眼中的我；悦纳自己
活动时间：80 分钟
工作人员：白红敏、徐明
服务对象：曲靖市工商学校高 52 班学生
工作地点：曲靖市工商学校
所需的材料：彩色卡纸、双面胶、笔、白纸、奖品

</td></tr>
<tr><td colspan="4">具体培训过程与计划</td></tr>
<tr><td>环节步骤
（主题）</td><td>目　的</td><td>具体内容与过程</td><td>所需
时间</td></tr>
<tr><td>一、热身游戏</td><td>破冰</td><td>一块钱、两块钱
1. 根据男女学员不同比例，比如男生远远大于女生比例的话，女生就当“2 块钱”而男生则是“1 块钱”；如果女生比例远远大于男生的话，女生就当“1 块钱”而男生则是“2 块钱”</td><td></td></tr>
</table>

续 表

		2. 根据社会工作者说的钱数，所有学员组成相应的数字，没组成符合要求的数字的，均被淘汰。比如，培训师喊 7 块钱，所有学员就组成一个小组，这个小组所有人的面值加起来应该是 7 块钱，没有组成小组的学员将被淘汰 3. 剩下的人继续组合，直到 4—5 人为止，游戏结束，可以给剩下来的人颁发奖品	10 分钟
二、我是谁	让小组成员通过内部资源清晰地确定自己的资源优势和缺陷	1. 你了解自己吗？请在纸上快速写下 10 个“我是……”（10 分钟） 2. 分享。请小组成员将自己所写的和大家一起分享（10 分钟）	20 分钟
三、他人眼中的我	让小组成员通过外部环境确定自己的资源优势和缺陷	1. 游戏。每个小组成员在背上贴一张贴有自己名字的白纸，找全部小组成员写一个对自己印象的词 2. 分享。请小组成员将自己所写的和大家一起分享	15 分钟

续　表

四、我眼中的我	让组员找寻自己的优点	1. 自我寻宝。给每位小组成员发放写有词语的卡纸，然后随机选取几名小组成员去找觉得是适合自己的词语，每个人至少找到5个 2. 分享。请小组成员将自己所写的和大家一起分享 3. 请没有被选中的词语的组员读出手中的词语	15分钟
五、主题游戏：喜欢自己	让组员发现自己更多的优点，找到自信的依据，建立理性的自信系统	喜欢自己游戏。请小组成员以“我开始喜欢我自己，因为……”来发表意见，要求： 1. 必须实事求是 2. 必须是自己的优点或特长，也可以是自己的进步 3. 每个人至少说自己的5个优点	15分钟
六、总结	让组员表达对这次活动的感受，令工作人员明白他们对小组的看法和意见，使工作人员从中改善	1. 邀请组员分享参与活动感受及意见 2. 总结本次活动，鼓励组员认可和接纳自己 3. 交代下次活动相关事宜	5分钟

第三节活动　优势分析

活动的主题：优势分析

活动的目标：帮助组员认识自我，确定他们自己接下来要重新重点调整的锻炼方向。通过游戏指引，加强组员间的信任，尝试更多的沟通与交流。借助自我寻宝的方式让学生发现自己更多的优点，找到自信的依据，建立理性的自信系统

主要内容：自信心测试，优点轰炸，自我肯定

活动时间：80 分钟

工作人员：黎太纯、杨仕波

服务对象：曲靖市工商学校高 52 班学生

工作地点：曲靖市工商学校

所需的材料：白纸、笔、测试量表、纸板、纸盒、塑料瓶、眼罩、书本

具体培训过程与计划

环节步骤（主题）	目　的	具体内容与过程	所需时间
一、开场	回忆上次活动主题，重申小组契约，交代本次活动主题与主要内容	1. 带领小组成员回忆上次活动的主要内容 2. 重新强调小组契约的内容，并鼓励组员和工作人员认真遵守 3. 交代本次活动的内容	5 分钟
二、自信心测试	让组员测试自己的自信心	让组员做测试量表，并自己保存、分析	15 分钟

续　表

三、热身游戏	加强彼此的信任，尝试更多的沟通与交流	地雷阵：圈出一定范围，放上纸板、纸盒、书本、塑料瓶作障碍物，两人一组，一人指挥，一人蒙眼，听同伴的指挥过地雷阵，中途如果碰到任何一个障碍物则要重新开始，指挥者只能在线外，不能用手扶同伴	15 分钟
四、自我寻宝	让学生发现自己更多的优点，找到自信的依据，建立理性的自信系统	寻宝方式：我开始喜欢我自己，因为…… 寻宝要求：1. 必须实事求是；2. 必须是自己的优点或特长，也可以是自己的进步；3. 每个人至少找到自己的 5 个珍宝	15 分钟
五、优点轰炸	挖掘组员自身所不知道的优点，互相练习赞美他人的技巧，互相鼓励、支持	优点轰炸：小组成员轮流坐到中央，其他成员从他身上找特别的地方，然后用发自内心的语言赞美对方。 团体分享：当别人赞美你时，你的感觉如何？你赞美别人时，通常赞美哪些地方？你能给所有的人不同的赞美吗？你在赞美别人时，感到自然吗？为什么会这样？是否有一些优点是自己以前没有意识到的？是否加强了对自身优点、长处的认识	25 分钟

续 表

六、总结	让组员表达对这次活动的感觉，令工作人员明白他们对小组的看法和意见，使工作人员从中改善	1. 邀请组员分享参与活动的感受及意见 2. 总结本次活动，鼓励组员认可和接纳自己 3. 交代下次活动相关事宜	5 分钟

附件：

自信心量表

指示：以下是一组有关自我感觉的句子，请按你的情况作答。

1 = 很不同意　2 = 不同意　3 = 同意　4 = 很同意

1. 我认为自己是个有价值的人，至少基本上是与别人相等的。1　2　3　4

2. 我觉得我有很多优点。1　2　3　4

3. 总括来说，我觉得我是一个失败者。（反向）1　2　3　4

4. 我做事的能力和大部分人一样好。1　2　3　4

5. 我觉得自己没有什么值得骄傲。（反向）1　2　3　4

6. 我对于自己是抱着肯定的态度。1　2　3　4

7. 总括而言，我对自己感到满意。1　2　3　4

8. 我希望我能够更多地尊重自己。（反向）1　2　3　4

9. 有时候我确实觉得自己很无用。（反向）1　2　3　4

10. 有时候我认为自己是一无是处。（反向）1　2　3　4

计分方法：

受测者在白纸上对测试题作答，其最低得分为 10 分，最高得分为 40 分。在十个测试题中，第 3、5、8、9、10 五个测试题目的算分是反向的（即 1 分算做 4 分，4 分算做 1 分，2 分算做 3 分，3 分算做 2 分）。

得分解释：

10—15 分：自卑者　你对自己缺乏信心，尤其是在陌生人和上级面前，你总是感到自己事事都不如别人，你时常感到自卑。你需要大大提高你的自信心。

续　表

16—25 分：自我感觉平常者　你对自己感觉既不是太好，也不是太不好。你在某些场合下对自我感到相当自信，但在其他场合却感到相当自卑，你需要稳定你的自信心。 26—35 分：自信者　你对自己感觉良好。在大多数场合下，你都对自我充满了自信，你不会因为在陌生人或上级面前感到紧张，也不会因为没有经验就不敢尝试。你需要在不同场合下调试你的自信心。 36—40 分：超级自信者　你对自己感觉太好了。在几乎所有场合下，你都对自我充满了自信，你甚至不知道什么叫自卑。你需要学会控制你的自信心，变得自谦一些。

第四节活动　优劣势寻宝 活动的主题：优劣势寻宝 活动的目标：从同辈群体对自己的评价中寻找自身的优点，挖掘自身潜能。根据自身优势去寻找改变方法和定位 主要内容：自我欣赏，相信自我 活动时间：80 分钟 工作人员：徐明、杨仕波 服务对象：曲靖市工商学校高 52 班学生 工作地点：曲靖市工商学校 所需的材料：纸、笔、歌曲、乐器、报纸、胶带、剪刀			
具体培训过程与计划			
环节步骤（主题）	目　的	具体内容与过程	所需时间
一、热身	开场及暖身	“因为是室外活动，我希望这次活动……”	10 分钟

续 表

二、最能干的自己	组员展示自身的优点，促进组员自我欣赏	1. 分成 4 个小组，围成圈，播放背景音乐 2. 让组员每人展现一样与自己的优点、成长、收获、成功有关的物品，并在组内分享这一过程和经验 3. 组员选择表演一个节目（唱歌、跳舞、朗诵等等）	40 分钟
三、相信自己	组员合唱歌曲，表达对自己的肯定与鼓励	队员演唱歌曲《相信自己》	10 分钟
四、团体游戏	促进组员间的相互合作，促进彼此的接纳与肯定	游戏风火轮。分组（5 个组，每个组分为两个队），简单利用报纸和胶带制作一个封闭式大圆环，大圆环立起来以后可以容纳全部团队成员站在大圆环内，边走边滚动大圆环。率先到达终点的一队获胜，最后一组接受惩罚	15 分钟
五、总结	帮助觉得自己没有特点的组员在同辈群体中找到自己的定位及优点	总结和分享。请组员说说自己的定位（队员先做示范：以徐明为例）	5 分钟

第五节活动　挑战自我			
活动的主题：挑战自我 活动的目标：让组员勇于尝试自己没做过的事，勇于向自己提出挑战，认识自己的潜能所在 主要内容：自我与团队的融入，了解自己的爱好特征，探究适合自己的职业 活动时间：80 分钟 工作人员：董殷江、杨仕波 服务对象：曲靖市工商学校高 52 班学生 工作地点：曲靖市工商学校 所需的材料：彩色卡纸、双面胶、笔、便利贴、白纸、报纸、剪刀、透明胶等			
具体培训过程与计划			
环节步骤（主题）	目　的	具体内容与过程	所需时间
一、热身	考察学员们的协调能力和合作精神，挑战每个学员的持久力，让他们懂得在集体中想要获胜，是需要每一个学员的努力付出的	游戏规则 第一轮 1. 全班分成两个组进行竞技：A 组和 B 组 2. A 组组员和 B 组组员分别围成两个圈 3. 每位组员将双手放在前面一位组员双肩上，然后，缓缓坐在身后组员的大腿上，坚持时间长的小组获胜 4. 坐下后，让每位组员叫相应的口号，如勇于挑战自我、勇往直前	

续 表

		第二轮：全班同学搭人椅，规则不变 游戏讨论 1. 在游戏过程中，自己的精神状态是否发生了变化，以及在明确目标下如何相互扶持获得胜利的能力 2. 是否有依赖思想，认为自己的松懈对团队影响不大？最后出现了什么情况 3. 要想在竞争中取胜，什么最重要	15 分钟
二、哑巴说话	锻炼组员的勇气和信心，挑战部分组员不敢当众发言的短板	开场引导 1. 同学们，你们觉得你们压抑吗？压力大吗？你们足够自信吗？你们足够大胆吗 2. 无论你们现在的状态如何，在座的每一位都比我年轻、比我有更多的雄心、更多的梦想、更好的人生 3. 接下来，我们来进行一轮小小的羞涩脱敏	

续　表

		请大家跟我一起大声地说出这段话："我是某某，我是世界上独一无二的我，我是最聪明、最勇敢、最大气、最自信、最善良、最棒的人，请让你们的掌声为我响起来" 1. 从第一位组员开始，站到课桌上 2. 面向全体成员大声喊：我是某某，我是世界上独一无二的我，我是最聪明、最勇敢、最大气、最自信、最善良、最棒的人，请让你们的掌声为我响起来 3. 负责人要注意鼓励组员，声音要保证让每位组员听到，如果轮到的组员做不到，就不进行下一个 4. 口号：这是信心的考验，是对勇气的挑战，这是勇者的游戏	25 分钟

续 表

三、我型我秀	培养组员的合作意识及锻炼组员的发散思维能力及动手能力	1. 接下来我们会把大家分为六个小组，分发给每个小组若干报纸、剪刀、透明胶布等材料 2. 每个小组挑选出一位模特，其他组员共同为他设计服装；20分钟后，我们进行展示	20分钟
四、拍卖你的生涯	让组员比较清晰地看到自己的爱好优点（与他人的竞争、有限的资金、果断地做出决断），增强自信心	1. 发给每个学员一张物品拍卖单，并请大家浏览所列内容，把自己最想拥有的项目圈上 2. 发给每人1000美元道具钞票，代表你一生的时间和精力。请安排一下自己的预算，看看自己打算花多少钱“拥有”它，可以把自己的钱分到几件物品上，也可以全花在一件物品上 3. 宣布竞拍规则：（1）底价都从100美元起；（2）竞拍者每次加价只能为100美元；（3）保持公正，	

续　表

		竞拍者必须举手出价，口头出价在任何情况下都不被承认；(4) 拍卖人指出出价最高的出价人，在3次询问是否有人愿意出更高的价格后，确认刚才出价人的价格，敲响“拍卖槌”，这项生涯就属于你了 4. 拍卖人把拍卖单上所列的诸项目裁成片，一一举起，这就等于开始了拍卖 发放材料：拍卖单：1. 豪宅；2. 巨富；3. 一张取之不尽、用之不竭的信用卡；4. 美貌贤惠的妻子或英俊博学的丈夫；5. 一门精湛的技艺；6. 一个小岛；7. 一所宏大的图书馆；8. 和你的情人浪迹天涯；9. 一个勤劳忠诚的仆人；10. 三五个知心朋友；11. 一份价值50万美元每年可获得25%纯利收入的股票；12. 名垂青史；13. 一张免费旅游世界的机票；14. 和家	

续　表

		人共度周末；15. 直言不讳的勇敢和百折不挠的真诚 注：每人一张拍卖单，小槌、钢笔或铅笔，为每人准备的 10 张面值 100 美元的道具钞票（用纸画的钞票）	15 分钟
五、总结	让组员表达对这次活动的感觉，令工作人员记下他们对小组的看法和意见，使工作人员从中改善	1. 邀请组员分享参与活动的感受及意见 2. 总结本次活动，鼓励组员认可和接纳自己 3. 交代下次活动相关事宜	5 分钟

第六节活动　你我说再见

活动的主题：你我说再见

活动的目标：引导组员巩固前几次小组活动已收获的成果，帮助组员梳理自己的理想并鼓励他们为实现理想制订计划，同时通过问卷调查和面对面交流沟通等方式为本次小组活动进行总结和评估

主要内容：重温活动、处理离别情绪、评估活动

活动时间：55 分钟

工作人员：董殷江、杨仕波

服务对象：曲靖市工商学校高 52 班学生

工作地点：曲靖市工商学校

所需的材料：彩色卡纸、双面胶、笔、便利贴、白纸、展板、照片、小组评估问卷

续　表

具体培训过程与计划			
环节步骤（主题）	目　的	具体内容与过程	所需时间
一、开场	开场及引导	工作人员告诉小组成员这次活动的主题和内容，告知人家这是最后一次小组活动（如果有小组成员表现出低落的情绪，工作人员要及时地给予相应的鼓励）	5 分钟
二、重温活动	让组员重温小组内容	工作人员引导组员回忆小组每一期活动的内容（考虑其教室无多媒体设备，工作者可通过策划书及活动照片进行展示和引导）	20 分钟
三、表达感受	与组员总结分享小组内容，了解组员对小组的感受	邀请组员分享参与小组的感受，在便利贴上写下自己的改变或期望，之后在小组中分享	15 分钟
四、活动留影	活动留念	邀请组员将上一环节分享的便利贴进行张贴	5 分钟

续　表

五、小组评估	评估小组成效	做组后问卷	15 分钟
五、说再见	结束和处理离别情绪	工作人员做最后的总结，邀请所有组员同唱一首歌《我相信》，对各位参加活动的组员表示感谢。结束小组活动	10 分钟

附件：

小组评估问卷

1. 您对本次小组是否满意？
2. 您认为是小组的哪些方面让您满意？
3. 您认为本次小组哪些方面不够让您满意？
4. 对于不满意的地方您有何建议？
5. 您对哪个小组工作印象深刻？为什么？
6. 您认为哪个或哪几个工作人员让您印象最深？为什么？
7. 您认为我们的工作人员还有什么不足之处？应该如何改进？
8. 您认为这几次小组活动是否让您获得了什么？请具体说明一下是哪些方面。
9. 您认为自己对哪节活动或游戏最为满意？为什么？
10. 您认为自己对哪节活动或游戏最不满意？为什么？
11. 请您写出对这个小组的评价，和对此小组的意见。

衷心感谢您对本小组所有工作人员工作的支持！

九、所需资源

1. 所需人手：6 名工作者（其中组长 1 名、协作者 4 名、督导 1 名）

2. 经费来源：5 名组员各缴纳 50 元作为经费，用于支付本次小组工作技能测试中产生的费用

3. 经费收入支出状况

	收　入	支　出
	实习经费	（1）游戏材料（纸盒、眼罩、塑料瓶） （2）手工材料（胶水、双面胶、便利贴、大白纸、水彩笔） （3）问卷及文章打印 （4）奖品
合计	300 元	300 元

十、应变计划

预计困难	应付办法
工作人员未能同时兼顾所有组员	在组织活动前通过其老师、同学掌握各组员的性格及所关注的事物；在每节活动之前仔细构思小组流程及安排，在小组进行活动时工作人员需要敏锐一些，并留意他们的言行并做适当的回应
组员参与不积极	实施奖惩手段
组员间产生矛盾	工作人员及时发现并分开谈话

十一、评估方法

（1）通过游戏环节对比来观察组员之间在参加小组前后对对方的了解及熟悉程度；

（2）在参加每次活动后，组员对活动谈自己的感受，分享自己的心情和意见；

（3）对组员活动过程中的表现进行一定的观察（如活动的模式，积极性以及个人在小组中的影响范围等）；

（4）通过问卷的形式来询问小组活动开展的影响等一系列问题；

（5）总的活动结束后，通过对个人、小组集体或者整体活动的评价及建议来相应对个人进行评估。

小组工作方法在青春健康教育中的实例3

大学生异性交往小组

（青春行小组：金勇　张艳　周巧　廖元梅　吴发杰）

一、活动背景

异性交往是人际交往的重要方面，也是反映社会文明程度的重要标志。进入大学后，大学生的身心发展逐渐成熟，异性交往有利于大学生的情绪稳定和心理补偿，有利于大学生的智力开发和人格完善。

大学生正处于青年期，生理发育已基本完成，性意识的明朗化与发展成为这个时期的重要特点。据数据显示，我国10—24岁青少年有2.8亿人，占全国人口的近22%。据调查，婚前待业期延长，青少年婚前性行为接受程度高达2/3，其中15—19岁占10%，20—24岁占近40%，但是首次性行为未避孕高达51.2%（不安全的性行为）；有过性行为的未婚女青年怀孕率为21.3%，其中多次的占4.9%；有过怀孕经历的女青年人工流产的占90.9%，其中重复的占19%。大学生已经成为和性病相关的群体，处在身体发育成熟而性教育并未完全开放的特殊时期，不少大学生都选择了自我学习，谈起性话题也不再遮遮掩掩，并不避讳。于是，越来越多的大学生染上性病。在中国，有报道称，现在未婚先孕流产的比率占流产总数的58%，学生流产和患病的数量比以往有上升趋势，很多女学生根本不知道该如何自我保健，以至于出现了终身不能怀孕的情况，非常危险。事实证明，大学生在性教育问题上并不成熟。

二、理论架构

（一）马斯洛需求层次理论

根据马斯洛的需求层次理论，如果个人生理和安全需求满足了，那么就会出现感情、友谊和归宿的需要，如渴望父母、朋友、同学、恋人等对其表现爱护和关怀、温暖、信任、友谊以及爱情等。他们还渴望自己有所归属，被人认同和承认，成为集体中的一员。

对于当代大学生来说，学习如何与人相处，特别是如何正确处理与异性的关系，找到正确的相处方法，充分发挥自己的优点是至关重要的。大学生群体特别看重爱和归属的需要。然而由于大学生群体身体发展与心理发展的不一致，在应对青春期的恋爱与性等议题，处理两性关系方面缺乏经验，也容易受到情感上的创伤，因此应用大学生异性交往小组工作方法，促进大学生群体对异性的了解，学习两性交往的基本知识与技巧，对应对大学生恋爱、异性关系有着积极的作用，有利于促进大学生群体的身心健康与发展。

（二）人际关系理论

人际关系是人们在交往中心理上的直接关系或距离，它反映了个人寻求满足其社会需求的心理状态。社会学将人际关系定义为人们在生产或生活活动过程中所建立的一种社会关系。心理学将人际关系定义为人与人在交往中建立的直接的心理上的联系。

人与人交往关系包括亲属关系、朋友关系、学友（同学）关系、师生关系、同事间领导与被领导关系等。人是独立的个体，每个个体都有其独特的思想、背景、态度、个性、行为模式及价值观，然而人际关系对每个人的情绪、生活、工作有很大的影响，甚至对组织气氛、组织沟通、组织运作、组织效率及个人与组织之关系均有极大的影响。

沟通是人际关系中最重要的一部分，它是人与人之间传递情感、态度、事实、信念和想法的过程，所以良好的沟通指的就是一种双向的沟通过程，而不是一个单向沟通。

对于当代大学生来说，良好的人际沟通有助于其更好地适应生活，同时也会对日后的生活和学习产生巨大的影响，正如卡耐基所说：成功 = 85% 的人脉关系 + 15% 的专业知识，由此可见人际关系的重要性。

（三）镜中自我理论

镜中自我也称投射自我，是个人想象中的他人对自己的看法，如想象他人心目中自己的形象，想象他人对自己的评价，以及由此而产生的自我感。

在与他人的互动过程中，我们通过感知他人对我们的反应和评价，从而建立起我们的自我意识、自我形象和自我评价。他人犹如一面镜子，我们正是从他人这面镜子里发现了我们的自我。我们根据镜子里的这些形象是否符合我们的愿望而产生满意或不满意的心情。同样，通过他人这面镜子，也就是通过他人的反应和评价，我们看到自己在人际交往中的风度、行为、性格等是否合适，是否需要修正。我们对他人眼中自己形象的想象，对他人关于这一形象评价的想象以及某种自我感觉，构成了我们的自我认识。

三、目标及目的

目的：前期通过进行异性交往中的误区讲解，让组员正确认识异性交往；后期通过对价值和爱情的讨论，倡导人与人之间的相互理解、相互尊重，平等、真诚的态度；通过讨论青春期知识及生殖健康知识的学习，以及对性与性别的认识，倡导一种健康的、安全的、负责任的对待性的态度；通过协助组员对艾滋病的认知，倡导正确对待艾滋病病毒携带者，营造无歧视的社会环境；通过对做决定过程及模式的讨论，使年轻人学会分析、权衡自己的选择，以便掌握做好决定的技能，为自己的决定负责任。

目标：

（1）组员正确认识自己在人际交往中与人交往的方式，引导他们正确处理与异性的关系。掌握沟通训练技巧，学会聆听及尊重他人以更好地维持与异性的交往关系以及了解异性交往的误区。

（2）引导组员正确区分友情与爱情，明确男女生交往的必然性，掌握男女生交往的恰当方式。通过游戏、互动和讨论，让组员了解性邀约的呈现方式以及如何正确和委婉地拒绝性邀约。

（3）了解有关性卫生方面的知识，如艾滋病的传播形式和人工流产的危害，让组员在平等对待艾滋病人的同时，也能正确地保护自己。

（4）指导组员对性健康、文明做出负责的选择，面对性冲动时，要考虑性行为的后果，能做出正确的选择，学会尊重他人和自己。

四、服务对象

20160400 班全体学生

五、活动计划

1. 性质：成长小组
2. 节数：6 节
3. 日期：2017 年 11 月 5 日至 12 月 17 日
4. 时间：每周日 20：00 至 21：30
5. 地点：曲靖师范学院 305 教室

6. 人数：38 人（女生 28 人、男生 10 人）

六、招募方式

小组成员在校内联系相关班级

七、具体活动计划

<table>
<tr><td colspan="4">第一节活动　解密异性交往
活动的主题：解密异性交往
活动的目标：1. 介绍小组，制定小组规范；2. 介绍活动主题，促进组员正确认识自己在人际交往中与人交往的方式，引导他们正确处理与异性的关系，鼓励组员参与
主要内容：自我介绍；小组契约订立；连连看；心目中的他/她
活动时间：2017 年 11 月 5 日 20：00—21：30
服务对象：大二学生
工作地点：曲靖师范学院 305 教室
所需的材料：卡纸、白纸、笔、胶布等</td></tr>
<tr><td colspan="4">具体培训过程与计划</td></tr>
<tr><td>环节步骤（主题）</td><td>目　的</td><td>具体内容与过程</td><td>所需时间</td></tr>
<tr><td>一、自我介绍</td><td>让组员及工作人员相互认识</td><td>1. 采用击鼓传花的游戏，开始主持人与组员的介绍
介绍内容：姓名、昵称、家乡、爱好
2. 介绍小组活动的主题与内容，鼓励组员参与</td><td>10 分钟</td></tr>
</table>

续　表

二、订立小组契约	订立小组契约	工作人员与组员共同商讨活动过程中应遵守的规则，形成一定的规范	10 分钟
三、主题游戏：连连看	通过相联系的三个小游戏，使组员表达出对异性的认知，以及对两者关系的认知，初步引导组员正确认识自己与异性的关系	方法：1. 自画像。助手为每位组员发一张白纸及一支画笔，白纸中间对折。然后让组员在画纸的左半部分画出“自己在异性心中的形象”。助手给予简单回应。2. 小画家。接上个游戏进行，组员在纸的右半部分画出一个事物（小动物、植物），用以表达自己对异性的认知，并作简单表述。助手给予简单回应。3. 连连看。接上面两个游戏进行，请组员结合自己所画的两幅图，说出对自己与异性关系的认知。主持人给予回应，收集每幅画	25 分钟

续 表

四、心目中的他/她	组员通过交流各自欣赏和厌恶的异性的特征和举止，了解异性的评价标准，改进自身的一些不当言行	互动——寻找“他”和“她” 方法：1. 工作人员准备38张写有组员名字的卡片，打乱后发给组员；2. 由组员自愿举手或工作人员指定的方式鼓励组员畅所欲言，说出自己欣赏或厌恶的异性特质。如男生说“我欣赏的女生是……的人”“她有……的性格”，诸如此类	30分钟
五、总结	组员表达此次活动的感受及收获，工作人员反思活动的不足	邀请组员分享在活动中的收获以及对此次活动的看法（活动的优势与不足）；主持人对此次活动进行总结	15分钟

第二节活动　聚焦盲点

活动的主题：聚焦盲点

活动的目标：引导组员正确区分友情与爱情，明确男女生交往的必然性，掌握男女生交往的恰当方式

主要内容：热身游戏；异性间是否存在纯粹的友情；情景模拟区分友情和爱情；案例学习：维特的烦恼；总结

活动时间：2017年11月19日20：00—21：30

服务对象：大二学生

工作地点：曲靖师范学院305教室

所需的材料：卡纸、白纸、笔、胶布等

续　表

具体培训过程与计划			
环节步骤（主题）	目　的	具体内容与过程	所需时间
一、开场	回顾前次活动的内容，加深印象以及介绍此次活动主题	主持人总结上次活动心得并介绍本次活动主题和目的	5分钟
二、热身游戏	打破僵局	盲人过河 准备道具眼罩，在组员的指引下顺利通过由气球设置的障碍物	5分钟
三、异性间的友情	通过组员的回答，引导组员思考如何正确对待与异性的交往	击鼓传花：工作人员播放音乐，音乐停止后邀请组员谈谈对“异性之间有无纯友谊”的看法	20分钟
四、情景模拟	通过情景模拟，引导组员正确区分友情与爱情	情景剧：情景一：男女生有共同的兴趣爱好，一起上学，一起自习，一起玩游戏。朋友问起，他们都说，只是朋友 情景二：女生遇到大大小小的事，都会询问男生意见，要男生帮忙。每天都要相互联系，很晚的时候都会打电话讲些小事情	25分钟

续　表

五、维特的烦恼	引导学生进行正常的健康的异性交往	维特的烦恼：将组员分为5组，每组发放一份案例材料，组员阅读后由主持人围绕“异性交往的恰当方式”进行提问，鼓励组员表达观点，主持人将提前准备好的展板呈现在黑板上	25分钟
六、总结	组员表达此次活动的感受及收获，工作人员反思活动的不足	邀请组员分享在活动中的收获以及对此次活动的看法（活动的优势与不足）；主持人对此次活动进行总结	10分钟

第三节活动　我的爱情观

活动的主题：我的爱情观

活动的目标：引导组员对爱情有一个初步的了解，树立正确的爱情观

主要内容：我的恋爱经历；五色拼盘——我的爱情观；建立正确的恋爱观；活动总结

活动时间：2017年11月26日20：00—21：30

服务对象：大二学生

工作地点：曲靖师范学院305教室

所需的材料：卡纸、白纸、笔、胶布等

续　表

具体培训过程与计划			
环节步骤（主题）	目　的	具体内容与过程	所需时间
一、开场	回顾前次活动的内容，加深印象以及介绍此次活动主题	进行活动准备（现场布置） 主持人引导组员简单回顾上次活动，并介绍这次活动的主题和目的	5 分钟
二、热身游戏	通过组员参与活动，让组员和组织者对组员恋爱状况有一个初步了解	热身游戏：一块五 1. 所有成员围成一个圆形，立正站好 2. 规定男生为一元，女生为五角 3. 组织者给出象征性的钱数下达任务，组员进行自由组队 4. 对没有找到队伍或者队伍不符合标准的人或群体，请出站在舞台中央，谈谈自己的恋爱经历	20 分钟
三、五色拼盘	理解和尊重不同的爱情观，学会简单处理恋爱中的问题	1. 将组员分为五个小组	

续　表

		2. 主持人将一些描述人的特点的词汇在活动前写在白纸上，给组员分发小纸片，请组员挑选出五个“最不能容忍”的词语写在卡纸上，组员对所选结果，在小组内部进行简单理由阐述 3. 各组推选有代表性的组员进行分享 4. 主持人带领大家继续讨论 a. 让组员在写出的五个词语中去掉两个，请部分组员说明去掉什么，留下这三个的理由是什么 b. 让组员再去掉两个，请部分组员说明去掉了什么，为什么去掉，为什么留下这一个 5. 主持人请组员把最看重的词语贴在白板上 6. 主持人把张贴结果公布出来，然后请组员回答 a. 这个结果说明了什么	

续　表

		b. 这个结果与你自己原来的选择标准一样吗？为什么 c. 今天的讨论对你有什么影响 请组员谈谈对此节活动的感受 主持人引导组员树立正确的恋爱观。将相关知识和材料准备在PPT上	55分钟
四、总结	活动总结并进行相关事宜的安排	总结及分享感受： （1）请组员对本次活动进行一个感受分享 （2）主持人进行总结	10分钟

第四节活动　勇敢说“no”

活动的主题：勇敢说“no”

活动的目标：引导组员学习如何拒绝性邀约

主要内容：如何看待婚前性行为；情景表演：性邀约；有效拒绝性邀约；负责任的性行为；小组总结

活动时间：2017年12月3日20：00—21：30

服务对象：大二学生

工作地点：曲靖师范学院305教室

所需的材料：卡纸、白纸、笔、胶布等

续　表

具体培训过程与计划			
环节步骤（主题）	目　的	具体内容与过程	所需时间
一、开场	总结上次活动及开场白	主持人总结上次活动及介绍本次活动主题目标，通过叙述一个故事开始引入主题	5 分钟
二、热身游戏	让活动人员说出对婚前性行为的看法	主持人给一分钟时间让活动人员想想自己是否赞成或反对婚前性行为，为什么？通过“三的倍数”游戏来邀请出错的同学起来回答	5 分钟
三、情景剧：性邀约	通过情景剧让组员更深入地认识性邀约	情景一 人物：一对热恋的情侣 场景：一间小屋，美酒，烛光朦胧，音乐回荡，双方均微有醉意 表演：男方提出性邀约，女方拒绝 情景二，情景一样，女方提出性邀约，男方拒绝 询问扮演拒绝者和被拒绝者都有些什么感受，大家认为比较好的拒绝方式是什么	20 分钟

续　表

四、有效的拒绝	教会活动人员如何更好地拒绝	主持人念出性邀约的话，请组员进行有效的拒绝练习	20 分钟
五、小组讨论负责任的性行为	让组员认识什么样的性行为才是负责任的性行为	分成两组讨论： 什么样的性行为是负责任的性行为？（可能的答案：双方平等、双方自愿、真心相爱、身体成熟、心灵成熟、有保护的性行为、使用避孕方法）	30 分钟
六、总结	主持人总结	主持人对此次活动进行总结，重申负责任的性行为，再邀请组员分享活动中的收获	10 分钟

第五节活动　蓝精灵，爱要有一套

活动的主题：蓝精灵，爱要有一套

活动的目标：让组员进一步了解性知识，从中学习避孕和防艾的措施，纠正组员在这方面的误区

主要内容：避孕套你了解多少？避孕知识的讲解；小组讨论避孕的方式；现场展示避孕套的使用

活动时间：2017 年 12 月 10 日 20：00—21：30

服务对象：大二学生

工作地点：曲靖师范学院 305 教室

所需的材料：卡纸、A4 纸、笔、视频资料、宣传册、避孕套等

续　表

具体培训过程与计划			
环节步骤（主题）	目　的	具体内容与过程	所需时间
一、开场	回顾前一节活动的内容，加深组员记忆	主持人总结上次活动，邀请组员回忆	5 分钟
二、热身	对活动的后续开展起到一个过渡阶段，避免气氛尴尬	热身游戏：青蛙跳 1. 所有队员围成一个圆圈，沿着顺时针方向转动，青蛙代表人数，腿代表地上的脚数 2. 当主持人喊出“几只青蛙”时，所有队员必须重新组合成相应的人数，并且保护好，不要被别的组抢去 3. 主持人喊出几只腿截止的时候，小组组员必须凑齐相应数目的腿作为支撑腿，不能多不能少，否则算违规 4. 凑不齐青蛙数目或腿数的组，都要接受一次惩罚，做蛙跳动作三次	10 分钟

续　表

三、头脑风暴	促进组员参与	头脑风暴：避孕套的品牌，您了解哪些	5 分钟
四、观看避孕视频	普及避孕的知识	观看《爱之年华》避孕和防艾的视频	20 分钟
五、小组讨论：避孕的方式	让同学在极短的时间内想到避孕和防艾的措施，集思广益，让同学们尽情发挥	1. 分成两个小组展开小组讨论：避孕的方式与方法有哪些？常见的避孕误区 2. 避孕的小常识	35 分钟
六、现场展示：避孕套的使用	促进组员对避孕套使用方法的学习和掌握	请一名志愿者，按照避孕套使用的步骤，按照主持人的指示，进行现场操作。主要道具为：避孕套和香蕉	10 分钟
七、总结	总结活动	组员分享这次活动的感受以及提意见，主持人总结	5 分钟

第六节活动　后会有期，笑迎未来

活动的主题：后会有期、笑迎未来

活动的目标：分享五次活动以来的感受、处理离别情绪、评估小组

主要内容：重温活动、表达感受、合影留念、小组评估

活动时间：2017 年 12 月 17 日 20：00—21：30

服务对象：大二学生

工作地点：曲靖师范学院 305 教室

所需的材料：卡纸、A4 纸、笔、视频资料、照片等

续 表

具体培训过程与计划			
环节步骤（主题）	目　的	具体内容与过程	所需时间
一、开场	开场及引导	介绍最后一次活动的内容，表达对组员的感谢，引导组员回忆小组的过程与自己的成长	5 分钟
二、重温活动	让组员重温小组内容	制作活动剪辑，通过 PPT 展现活动的过程，鼓励组员分享自己在小组中的感受与收获	30 分钟
三、表达感受	与组员总结分享小组内容，了解组员对小组的感受	邀请组员分享自己学习相关异性交往知识以来的困惑，以匿名的方式写在便签纸上，工作人员收集后现场做一些解答	25 分钟
四、活动留影	活动留念	邀请组员合影作为纪念，并留下工作者的联系方式，便于日后组员疑惑与困惑的解答	5 分钟
五、小组评估	评估小组成效	通过开展座谈会的形式，评估小组的效果	15 分钟

续　表

六、说再见	结束和处理离别情绪	工作者做最后的总结，对各位参加活动的组员表示感谢。结束小组活动	10 分钟

八、所需材料及收费

1. 材料及收费

（1）收费：组员交的费用，共 260 元。

（2）材料：大白纸 8 张、签字笔 4 支、卡纸若干、A4 纸若干、便利贴、礼物与奖品。

2. 地点：315 教室

九、工作安排

人员安排 / 活动次数	主持人	记录员	资料收集员	秩序员（协助员）
第一次活动	周巧	廖元梅	张艳	金勇、吴发杰
第二次活动	张艳	吴发杰	金勇	廖元梅、周巧
第三次活动	吴发杰	周巧	廖元梅	张艳、金勇
第四次活动	金勇	张艳	吴发杰	廖元梅、周巧
第五次活动	廖元梅	金勇	周巧	张艳、吴发杰
第六次活动	周巧	廖元梅	张艳	金勇、吴发杰

十、应变计划

预计困难	应付办法
1. 组员不积极配合工作人员	订立小组契约
2. 工作人员未能同时兼顾到组内成员	邀请助手在活动开始前与他们做详细的指示及分工，以便互相配合，必要时请助手协助他们 在活动中尽快掌握各组员的性格及发现组员所需要改变的地方，以便在活动中能针对组员的需求提供适宜的活动
3. 组员对此活动不感兴趣	尽最大可能谈组员感兴趣的话题

十一、评估方法

（一）成员自评以及互评

一是每次活动后，参加活动的组员谈论自己在这次活动中的感受或收获，也可以对活动过程的气氛、工作者的行为等各方面提出建议。二是在最后一次活动时请参加活动的各成员相互进行评价，每个人评价其他人在异性交往方面是否有所进步。三是在全部活动结束后，要求组员写一份自我小结，谈谈自己对整个活动的看法，自己在哪些方面有提高，在哪些方面还需要改进。

（二）主持人评价

主持人在每次活动结束后进行自我评估和反思，一方面可以评价自己的主持活动能力和所采用的技巧是否合适；另一方面对主持过程和组员进行评估，包括小组的目标是否达成，小组活动氛围是否融洽，各组员之间的关系如何等。

（三）活动记录人员评价

通过活动记录员对每次活动过程的记录，对小组活动的整体过程进行评估。一是针对小组成员的行为表现，如组员的协助行为（倾听、同理等）以及阻碍性行为（如防卫、破坏等）；二是针对主持人的技巧与过程，包括观察记录和分析主持人的各项行为是否有效，是否对组员产生一定的影响力。

活动记录表			
小组名称			
活动节数			
工作人员		观察员	
活动时间		活动地点	
出席人数		缺席人数	
缺席人员			
本节主题			
本节的任务和目标			
活动记录			
活动内容			
组员个人表现			
总结与反思			

（四）活动结束时邀请组员分享此次活动的优点和不足

主要包括分析活动在哪些方面做得好，在哪些方面需要改进；在活动中对组员影响较大的工作人员等；组员对活动的感受以及建议与意见。

下篇 研究篇

内容纵览：本部分主要呈现近年来笔者等所撰写的大学生性健康教育主题的研究论文，共四篇。

第一篇《曲靖市青少年青春健康教育需求调查报告》主要由赵庆鸣与梁海艳共同撰写。笔者通过对曲靖市青少年青春健康教育需求的随机调查结果发现：在社区开展青春健康教育是一项非常有必要的活动，但教育培训内容选择要符合青少年的实际需求。青少年对青春健康教育知晓度比较低，而且存在明显性别差异，男性知晓度高于女性。培训地点选择上可以适当地向农村社区倾斜。最佳受众群体宜选择初高中阶段的青少年，并确定教师—父母—同龄人多元化的培训主体。性健康教育的内容主要集中在性道德、性生理以及综合性知识等方面。培训方式可以结合专题讲座与教育网站等多样化的形式，应突出父母在性健康教育培训中的地位。此外，在培训过程中务必遵循性别平等的原则，性健康教育对男性和女性具有同等重要的意义。

第二篇《少数民族地区青少年性与生殖健康教育的现状与对策研究——以云南省昭通市盐津县为例》由刘芳与柯文艳执笔。笔者通过问卷调查法与访谈法对少数民族地区青少年性与生殖健康教育的现状进行了调查，发现少数民族地区青少年性与生殖健康教育现状有待改善，主要表现在少数民族地区青少年性与生殖健康教育意识淡薄，性知识与观念深受少数民族文化与习俗的影响；少数民族家长在性与生殖健康教育能力上的不足，导致了家庭在青少年性健康教育中的作用难以发挥；学校性与生殖健康教育的缺失，导致众多少数民族地区青少年性与生殖健康及风险预防的重要保障丧失；少数民族地区对性与生殖健康教育的接受与认可不足，易受外来文化与大众传媒的影响，性与生殖健康教育的再普及任重道远。故提出建构少数民族地区“家庭—学校—社区—同伴”四位一体的性与生殖健康教育体系，即以家庭教育为基础、以学校教育为保障、以社区教育为支撑、以同伴教育为补充的青少年性与生殖健康教育体系，以应对少数民族青少年性与生殖健康教育困局。

第三篇《社会工作视角下“四位一体”高校青春健康教育模式的实践与反思》由刘芳与柯文艳共同执笔。笔者基于社会工作视角，以 M 高校青春健康教育项目为例，以青春健康教育、同伴教育理论为指导，以专业社会工作介入方法为支撑，论述了“四位一体的高校青春健康教育模式”（即以学校传统教育、学生同伴教育、专业社会工作教育以及社会实践教育相结合）在 M 校的实践过程与内容，并针对 M 校青春健康教育项目实践过程中存在的问题进行了反思：具备广泛群众基础的学校传统教学在推动青春健康教育中面临的能力陷阱；以社会工作专业教育指引下的学生同伴教育专业性有待提升；以充分利用社会资本提升学生实践能力为要旨的社会实践教育在资源整合上呈现乏力状态。最后提出了应对之策。

第四篇《青少年性健康教育现状与社会工作干预》由刘芳所撰写。笔者采用问卷调查与访谈法对 M 市青少年性健康教育的现状进行调查，结果显示青少年性健康知识较缺乏，存在知识偏差与误区；青少年性知识来源渠道狭窄，性教育方式宜采用灵活化、多元化的形式进行；性健康教育内容必须是注重性道德、性生理以及综合性知识的教育；家长和教师是青少年性健康教育的重要主体，但多元主体的组成应当包括社区组织与同伴群体，青少年性健康教育的途径应实现泛化与多元。基于青少年性健康教育的现状提出了社会工作的实践与干预路径：以专业社会工作方法，推动青少年性健康知识的普及，纠正偏差，实现增能；以多元化教育培训与学习方式，满足青少年性健康知识的渴求，充分利用“互联网+”模式，探索青少年性健康教育的方式方法；以社会工作专业价值融入青少年性健康服务，引导青少年树立正确的性道德观念；实现家庭—学校—社区多元主体的整合，完善青少年性教育社会治理体系。

本篇旨在以研究成果的方式呈现多年来曲靖师范学院高校青春健康教育的经验，启发青春健康实务工作者，在服务中总结提炼模式，促进高校青春健康教育实务与理论的整合。

曲靖市青少年青春健康教育需求调查报告

本项目通过对曲靖市青少年青春健康教育需求的随机调查，结果发现：在社区开展青春健康教育活动是一项非常有必要的活动，但教育培训内容选择要符合青少年的实际需求。青少年对青春健康教育知晓度比较低，而且存在明显性别差异，男性知晓度高于女性。培训地点选择上可以适当地向农村社区倾斜。最佳受众群体宜选择初高中阶段的青少年，并确定教师—父母—同龄人多元化的培训主体。性健康教育的内容主要集中在性道德、性生理以及综合性知识等方面。培训方式可以结合专题讲座与教育网站等多样化的形式，应突出父母在性健康教育培训中的地位。此外，在培训过程中务必遵循性别平等的原则，性健康教育对男性和女性具有同等重要的意义。

一、调查目的及意义

目前，社会各界对曲靖市青少年青春健康教育的关注远远不够，幸运的是在国家计生协与云南省计生协的关心与支持下，曲靖师范学院成功入选2016年云南省艾滋病防治创新项目中标单位，项目主要依托曲靖师范学院法律与公共管理学院社工教研室全体师生来执行，在项目前期工作的基础上，现已将青春健康教育活动的辐射半径向外扩展，已经成功地走出高校、面向社会，活动服务的范围越来越广，受众群体越来越多。为了实现曲靖市计生协、云南省计生协和国家计生协对青少年健康成长的美好愿望，我们打算将高校青春健康教育培训活动扩展到曲靖市麒麟区的社区中，为社区居民和青少年提供相应的青春健康服务。不可否认，虽然项目在前期取得了一些成功的经验，但是由于社区与学校存在显著的差异，在活动开展前有必要对社区居民的基本特征和健康教育培训活动需求做一个深入的了解，以便提高培训活动效率。鉴于此，我们项目组全体成员汇聚智力设计了相关的调查问卷，并采用随机抽样调查的方法在曲靖市麒麟区进行“青春健康教育服务需求”的摸底调查活动，调查目的旨在深入地了解处于青春期的青少年生殖健康知识的来源与相关需求，并制订和实施切实可行的健康教育培训方案，促使青少年在正规的、完善的教育活动中吸取足够的健康保健知识，对提高曲靖市居民的人口素质、降低患病率和死亡率以及在青少年时期预防成人疾病都有着深远的社会现实意义。

二、调查情况说明

关于青春期的年龄界定，世界卫生组织规定为 10—20 岁，中国一般指 11—17 岁。青春期是人生的重要转折点，随着生理上的日趋成熟，青少年的心理发育也从幼稚逐步走向成熟，其中经历了许多变化、矛盾与困惑。本次调查为了更全面地了解青少年（或青少年父母）对青春健康教育的基本看法、态度与实际需求，我们在年龄上做了一些适当的调整，将一部分年龄偏大的青壮年也列入调查的对象，目的在于了解这些过了青春期并已为人父母的已婚青年对青春期的态度与看法，以便更好地帮助他（她）们向其子女提供正确的青春健康教育知识。

调查活动于 2017 年 7 月 30—31 日开展，由曲靖师范学院法律与公共管理学院教师梁海艳作为“青春健康教育服务需求”调查团队的负责人，带领青春健康同伴社的 6 位学生参与整个调查活动（分别是 2014 级社会工作专业本科学生李胡丽、周梦秋、杨进芳，2015 级社会工作专业刘元元、陈纪屹、陈占亭），调查活动为期两天，调查样本量一共 210 份，回收有效问卷 208 份，有效问卷回收率达到 99%。问卷调查内容涉及青春健康知识储备、来源途径、实际需求、避孕方法、性传播疾病认识等多个方面，全面地反映青年人在此方面的现状及需求。第一部分，个人基本情况，包括性别、年龄、户籍性质、教育程度、婚姻状况、民族等；第二部分，对青春健康知识的了解、态度和基本需求，包括对青春健康的了解，开展社区培训的必要性，开展时间、地点、方式、内容与主体，青春健康卫生保健以及性传播疾病等方面的内容。

调查活动分为两个阶段进行：第一个阶段：高中生调查。调查对象是麒麟区一中高三（2017 年 9 月升为高三）文科四班，全班共 67 人，发放问卷 60 份，回收有效问卷 60 份。虽然学校的调查对象同质性比较强，而且调查对象只有 1 个班，覆盖面较窄，但考虑到高中生的户籍大多属于曲靖市麒麟区，可代表社区青少年青春健康教育的基本需求；再者，高中生的青春健康教育更是一个非常值得关注的群体，高中生正是处于青春期的巅峰时期，青春健康教育活动的意义更大。第二个阶段：社区青少年调查。主要采用“拦截式”的随机调查方法，在曲靖市麒麟区珠江源广场对年龄在 10—35 岁之间的青年男女进行调查，共发放问卷 150 份，回收有效问卷 148 份，问卷调查采用“自填式”的填答方法。在整个调查过程中，只有 1 份问卷是由调查员协助填写。第二阶段的调查对象既有曲靖市麒麟区本地青少年，也有外来流动青少年，包括来自曲靖市外县（区），如罗平县、师宗县、富源县、陆良县、宣威市、会泽县、沾益区等的，也包括来自省内跨市的流动青少年，如昆明市、保山市、玉溪市、丽江市、文山州、普洱市、昭通市的。此外，还有一部分跨省流动的青少年，主要来自四川省、江苏省、广西壮族自治区、湖北省、湖南省等地，但所占比重只有 3% 左右。

三、调查样本的基本特征

（一）年龄与性别结构

从此次调查样本的统计结果发现，调查样本的性别结构存在一定的偏差，男性占比为40.87%，女性占比为59.13%，女性明显比男性偏高，造成样本性别结构偏高的一个主要原因是第一阶段的60个学生中女性比例明显偏高（男性比例只有18.33%，女性比例高达81.67%），是由于文科班女同学比例较高所造成的。除去学生问卷，社区问卷中的148个样本中的比例非常均衡，男女各占50%。由此可见，此次调查过程中的社区调查样本的性别结构不存在明显的偏差。

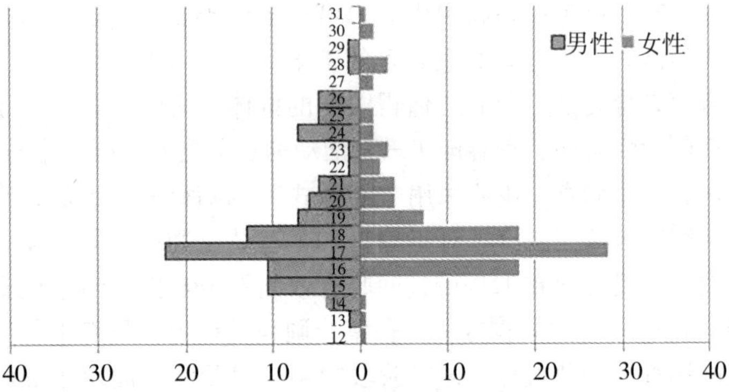

Pearson chi2（19） = 37.4576 Pr = 0.007 （注 N = 205，单位%）

图1 曲靖市青少年的人口金字塔结构

调查样本的年龄跨度在12—31岁，但主要集中在16—21岁之间。分性别来看，女性样本中该年龄段占了80.83%，男性样本中该年龄段占了63.53%，16岁以下和21岁以上的样本量较小。从年龄上看，覆盖了正处于青春发育时期的所有青少年，关于青春期年龄段的界定，世界卫生组织规定为10—20岁，在中国一般指11—17岁，虽然关于青少年年龄的界定与国家和世界卫生组织存在一定的差异，但是本研究旨在了解青少年的青春健康教育需求，不存在青少年群体数量的估算，对研究结论的影响不大，而且对于很多有经验的“过来青年人”更有发言权，也有许多好的建议。

（二）城乡构成

此次青少年调查样本的城乡结构不存在明显的差异。其中，农村占比为55.29%，城市占比为44.71%，这与曲靖市当前的城镇化水平（45.5%）非常接近。

具体分户籍登记地来看，麒麟区本地与外地虽有差异，但不显著。麒麟区本地青少年的城市户口占比为45.32%，农村户口占比为54.68%；外地青少年的城市户口比例为43.48%，农村户口的比例为56.52%。总体上看，麒麟区本地与外地青少年的城乡构成并不存在明显的差异（P=0.801）。

表1　曲靖市青少年的城乡构成

（单位：%）

户籍性质	麒麟区本地	外县区	总　计
城市	45.32	43.48	44.71
农村	54.68	56.52	55.29
合计	100.00	100.00	100.00

Pearson chi2（1）=0.0635　Pr=0.801

（三）民族构成

从民族构成来看，汉族青少年样本的比例为87.44%，少数民族青少年样本的比例为12.56%。此次调查涉及的少数民族主要有彝族、壮族、回族、苗族、畲族、土家族等，其中以彝族居多，调查样本的民族结构与2010年第六次全国人口普查公报中的数据相比，存在一定的差距。相比较而言，汉族人口的比重有所偏低，而少数民族人口比重有所偏高。据国家统计局公布的数据，2010 年曲靖全市汉族人口为 5442131 人，占总人口的 92.95%；各少数民族人口为 412924 人，占总人口的 7.05%。

（四）教育文化程度

教育科学文化素质是衡量一个人的素质与能力的重要指标，随着我国教育制度的改革与完善，尤其是义务教育的普及和高等院校的扩招，青少年的科学文化素质得到了显著的提升。与 2000 年相比，曲靖市每 10 万人中具有大学文化程度的人数由 1253 人增加到 4317 人，具有高中文化程度的人数由 5702 人增加到 8732 人，具有初中文化程度的人数由 21119 人增加到 27027 人，具有小学文化程度的人数则由 44630 人降低到 42319 人。

从调查样本的受教育程度来看，他们的受教育程度非常高，其中，以高中或中专文化程度为主，占调查样本的 56.25%；初中及以下所占的比例较低，不到 10%；而大学本科和研究生及以上的比例占到了 13% 左右。由此可见，曲靖市青少年的教育文化素质非常高。在调查过程中，我们发现几乎 100% 的被调查者都能够自己填答，而且不存在不识字或者不会填答的情况，只有极个别的被调查者回答说“我不识字”而拒绝了我们的调查（实为“假性文盲”）。青少年较高的文化素质为调查员减轻了很大的工作负担，同时也提高了调查活动的效率和调查问卷的质量。

进一步分析教育程度的性别差异，发现男性与女性青少年之间不存在显著的教育差距，也就是说曲靖市青少年的教育情况已经实现了真正的性别平等，不存在明显的教育性别歧视（如图 2 所示），教育性别歧视的消除为妇女社会经济地位的提升做出了重要的贡献。

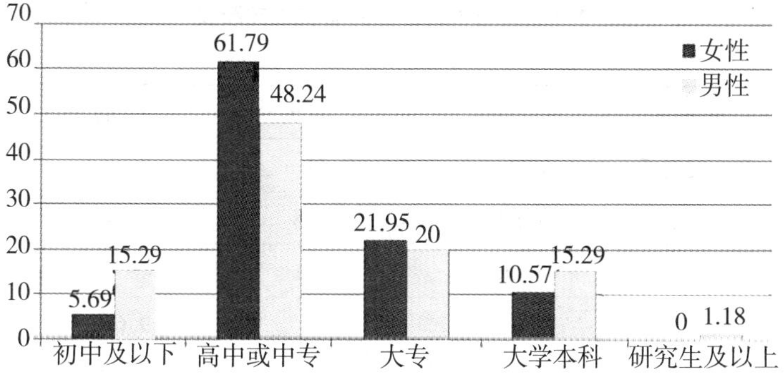

Pearson chi2（4） = 8. 8975　Pr = 0. 064

图 2　曲靖市青少年的教育文化程度（单位:%）

四、青春健康教育的特征与需求

（一）青春健康教育知晓度低，而且存在明显性别差异

调查结果显示，曲靖市青少年的青春健康知晓程度比较低。这与有关学者在研究我国发达地区的青少年生殖健康知识知晓率比较低的结论相吻合，例如北京市怀柔区青少年生殖健康知识知晓率仅为 48. 3%（杨丽华、付立平、王晓红，2008）。总体上看，对青春健康知识非常熟悉或了解很多的比例较低，合计不到 13%，大多数青少年只了解一点肤浅的知识，大约有 30% 的青少年只听说过青春健康教育，但一点都不了解，更有甚者，有 8. 7% 的青少年从来没有听说过青春健康教育到底是怎么一回事。由此可见，曲靖市青少年的青春健康教育还存在很多空白的区域，有许多健康知识还需要进一步地普及，以提高青少年的青春健康教育知识。

进一步分性别来看，男性和女性青少年之间对青春健康教育的知晓度存在明显的差异，男性的知晓度比女性高。自认为"非常熟悉"青春健康教育青少年中，女性的比例为 0，而男性的比例高达 8. 24%，二者之间存在显著的差异。

表2　曲靖市青少年青春健康知晓度

（单位:%）

知晓度	女　性	男　性	合　计
从没听说过	8.20	9.41	8.70
听说但不了解	31.97	25.88	29.47
了解一点	48.36	49.41	48.79
了解很多	11.48	7.06	9.66
非常熟悉	0.00	8.24	3.38

Pearson chi2（4）=11.7843　Pr=0.019

（二）青春健康教育活动非常有必要，但要注意选择合适的培训内容

目前，曲靖市青春健康教育活动还比较少，导致很多青少年缺乏相关青春健康教育与生理卫生知识，这与青少年生理快速成长发育的现状形成尖锐的矛盾。因此，非常有必要在社区开展相应的青春健康教育活动，以正确引导青少年的健康成长，正处于青春期的青少年们认为这是一项非常有必要的工作，这是社会给他们的一项福利。

调查结果显示，认为“非常有必要”在自己所居住的社区开展青春健康教育活动的比例达到了15.94%，认为有必要开展，但要看具体的培训内容的占到了80.19%，两者合计超过96%，而认为“完全没有必要开展”的比例非常低，还不到4%。由此可见，在社区开展青春健康教育是一项非常有必要的活动，有利于促进青少年的健康成长。

（三）培训活动地点倾向于农村社区

虽然青春健康教育活动是一项非常有必要的教育活动，但在具体培训的过程中，需要注意城乡之间的实际差异。从调查的结果来看，目前在农村社区开展相应的教育活动可能会更有意义，尽管城市青少年与农村青少年的青春健康同样重要，但

是二者在需求上具有明显的差异性（如表3所示）。

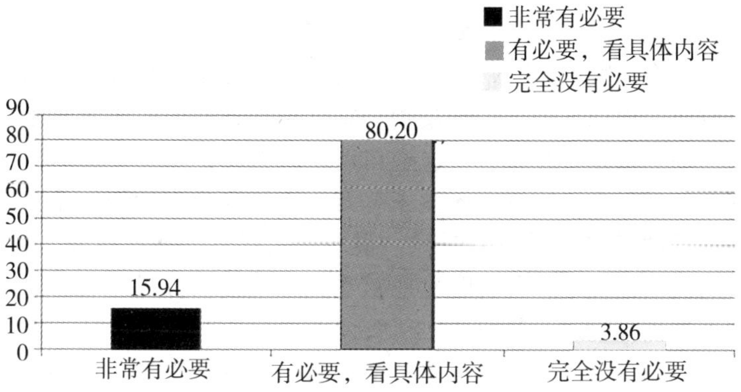

图3　曲靖市青春健康培训的必要性（单位:%）

表3　青少年青春教育活动的城乡差异

（单位:%）

户籍性质	非常有必要	有必要，看具体内容	完全没有必要
城市	15.05	77.42	7.53
农村	16.67	82.45	0.88
总计	15.94	80.20	3.86

Pearson chi2（2）=6.1056　Pr=0.047

对于城市青少年，认为“非常有必要”开展青春健康教育活动的比例为15.05%，认为“有必要，但要看具体的培训内容”的比例为77.42%，认为“完全没有必要”的比例为“7.53%”，与城市青少年相比，农村青少年认为“非常有必要”的比例为16.67%，比城市高出1%左右，虽然差异并不十分明显，但是认为“有必要，但要看具体的培训内容”比城市高出了5%，而且认为“完全没有必要”开展的比例明显比城市偏低，二者在统计上具有显著的差异，由此可见，农村青少年对青春健康教育活动的需求更迫切。

导致上述现象的一个重要原因是城乡之间的教育发展水平和思想观念的差异。在城市，教育水平较为发达，性观念趋于开放，在医院和公交站台等公共场所随处可见一些关于性与青春健康知识的宣传，他们接触青春健康教育知识的机会远远比农村多。可是，在农村，这些知识相对封闭，加之农民的思想观念相对保守，很少会向孩子普及青春健康教育知识，尤其是在谈到敏感的性话题的时候，很多家长都会“谈性色变”。在问卷调查过程中，我们明显地感受到一些被调查者在填答过程中表现出来的羞涩与尴尬，尽管问卷设计中有关性话题的敏感性是由弱到强，以避免很多被访问者因为尴尬而拒绝填答，但是在实际的调查过程中还是遇到了个别这样的情况。下面是一个具体的例子：

一个女性被调查者在填写问卷的过程中，态度发生了急剧的变化。刚开始觉得问题都没有涉及性方面的话题，很认真地填答，可是当她填到了后面的时候发现很多问题涉及与性有关的话题，于是开始生气并反问调查员“你们这个问卷是谁出的呀？这都是些什么问题”，一脸的尴尬丢下问卷就走了。

这次调查挫折给我们一个非常重要的启示，在具体的培训活动中仍然需要注意培训的方式方法甚至是语言的表达技巧，稍不注意就可能会取得相反的结果。

（四）最佳受众群体宜选择初高中阶段的青少年

在整个青春期阶段，不同年龄阶段的孩子所需要的知识帮助和心理辅导是有显著差别的，适时、适量、适度地对青少年进行青春期教育，正确加以引导，既可以促进青少年的健康成长，也可以加强社会主义精神文明的建设，同时也是保证国家和民族兴旺发达的需要（宋波，2011）。为了提高青春健康教育培训活动的效益，需要对培训对象进行细致的分析。经过调查发现，虽然有部分调查者认为健康不分年龄、健康贯穿人的一生，人生每个阶段的健康都极其重要，在人生的不同阶段都需要相应的健康教育活动。

但是，青春健康教育培训开展的对象最好是集中在12—17岁之间中学年龄的青少年。因为这个阶段正处于青春发育比较迅速的时期，青春期生理特征变化较为明显，需要懂得更多的青春健康和与生理卫生方面相关的知识。调查结果显示，没有被调查者认为在“5岁及以下”开展效果会更好的情况，因为年龄太小，还没有接受这些知识的能力，也不适合接受这方面的教育，如果教育不当容易误导孩子的发展；认为在“6—11岁”开展效果会更好的比例占到18.36%，该年龄段的孩子刚处于小学阶段，虽然孩子有接受知识的能力，但是孩子还很小，不适宜传播与性方面有关的知识；开展青春健康教育活动最好的时期是处于12—17岁的中学阶段，尤其是高中阶段，70%以上的被调查者认为在12—17岁之间开展青春健康教育活动的效果会更好，而到了成年以后的效果可能会打折扣。

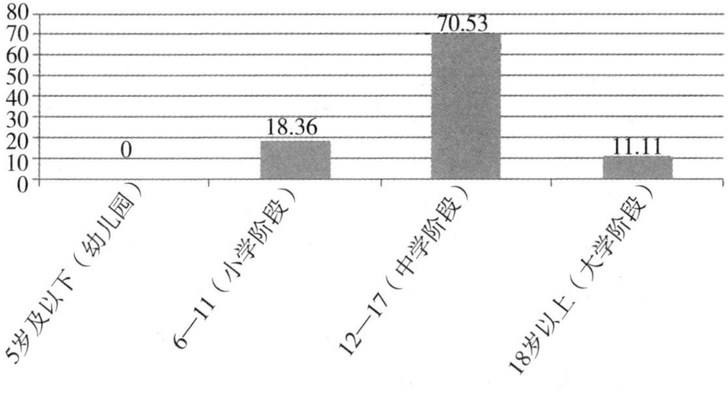

图4 不同阶段的青春健康教育培训需求（单位:%）

（五）教师、父母与同龄人都适宜作为性教育培训的主体

当问及“谁作为青少年性健康教育活动培训的主体”时，20%的调查者回答是“老师”，因为老师的知识比较系统专业，掌握一定的培训技巧与方法，可以提高教育活动培训的效率；

18%的回答是“父母”，因为父母与自己亲近，父母是孩子的第一任老师，家庭教育对孩子的身心发展起着至关重要的作用，父母也应该适当地向孩子讲解青春健康教育方面的知识；15%的调查者认为“同龄人”比较适合作为培训的主体，因为青春健康教育培训活动涉及很多与性方面有关的知识，而在比较保守的性观念笼罩下，“性”是一个比较敏感的话题，即便父母在孩子面前也不好意思过多地讲解，反而同龄群体之间可以消除代沟差异，避免了尴尬的境地。因此，很大一部分青少年认为同龄人是最好的培训主体，我们可以采用同伴教育的培训方式来开展活动。

（六）健康教育培训内容必须注重性道德、性生理以及综合性知识的教育

性教育包括性知识教育和性道德教育两方面内容。虽然国家教育部明文规定中小学必须开设健康教育课，但是很长一段时间里，我国的学校对于相关课程处于可有可无的位置，唯一讲授相关知识的“生理卫生”课只是简单地介绍生理发育知识，并没有涉及青春期性心理和性道德等内容（张继安、杜文建、薛珍珍，2003）。性道德教育则是对两性关系及性生活中的行为准则和规范进行的教育，目的在于培养青少年正确的性道德观念，从而避免性犯罪和性错误的发生。随着社会文明的进步，许多国家越来越重视青少年的性教育，他们认为通过陶冶青少年健康的性道德，可以有效地减少青少年的性犯罪，减少许多少女意外怀孕和未婚先孕的概率（陈晶琦、叶广俊，1996）。青春期进行性道德教育，有助于促进青少年性道德的培养和性文明的形成，是青春期健康教育的一项重要任务（邹延艾，1994）。

我国性教育发展的历程。我国自古以来十分忌讳对性进行公开的谈论，更缺乏对性行为、性道德的科学教育，长期的封建统治、落后的科学技术、愚昧的性理念，使人们对性行为无法产生正确的认识。正如瓦西列夫在《情爱论》中说：“性欲

是一股强大的力量，如果失去控制，它就可能成为社会的一种灾难。”西方国家性教育给我们一个重要的启示是，国家应该高度重视青少年的性道德教育，性道德状况的好坏直接关系到青少年的健康成长乃至社会的安定等重大问题。当前，我国现实社会生活中存在很多不道德的性行为，既包括婚内不道德性行为，如不尊重配偶的性意愿（婚内强奸），也包括很多婚外的不道德性行为，如职业小三、婚外情等恶俗性行为现象，这些非正常性行为严重违背了社会道德。因此很多被调查者在调查中呼吁青春健康教育中的性道德教育。

调查结果发现，26%的调查者最希望获得“性道德教育”方面相关的知识；20%的青少年最希望获得“性生理知识”，主要包括避孕、性传播疾病预防、性卫生等；18%的青少年最希望获得“性心理知识”；关于“性法制知识”的需求非常低，不到6%；25%的青少年希望获得两种或多种性知识的教育（如图5所示）。

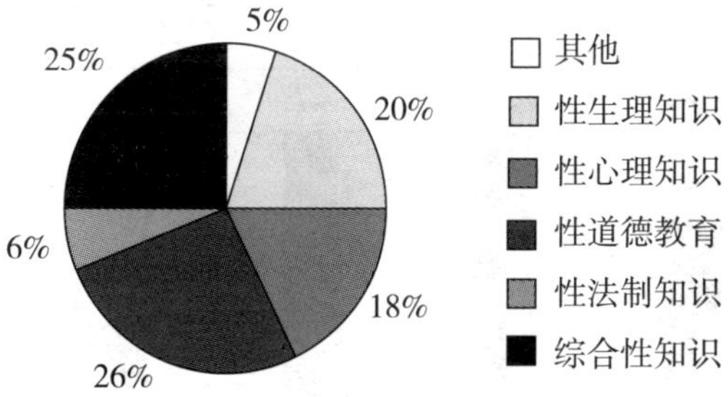

图5　青春健康教育内容需求结构

（七）培训方式可以采用多元化的形式

调查发现，大多数青少年希望以专题讲座和建立性健康教育网站的方式进行教育培训。其中，专题讲座的比例占到10.63%，教育网站方式占到9.18%，成立咨询中心单独咨询的比例为7.25%，通过发放科普书刊、宣传册子以及观看视频的比例各有3.86%，以上5种单项培训方式合计只有35%。而65%的调查者认为最好采用多种培训方式，效果会更好。在多元化的培训方式中，接近43%的人都选择了专题知识讲座，传统的专题知识讲座培训方式是一种备受青睐的教育活动培训方式。

青少年性健康知识获取途径第一是来自网络和电视(34.78%)，把现代互联网技术融入青少年的健康教育中来，迎合了当前青少年的心理特点与求知方式（宁夏银川西夏区卫生计生局，2016)；第二是家庭和学校教育，占25.12%；第三种途径是朋友的讲解，所占比例为22.3%；第四是来自书刊的比例为12%。

从图6中可以看出，已婚青年与未婚青年在获取性健康知识途径上具有显著的差异，两者从“家庭与学校教育”中获取

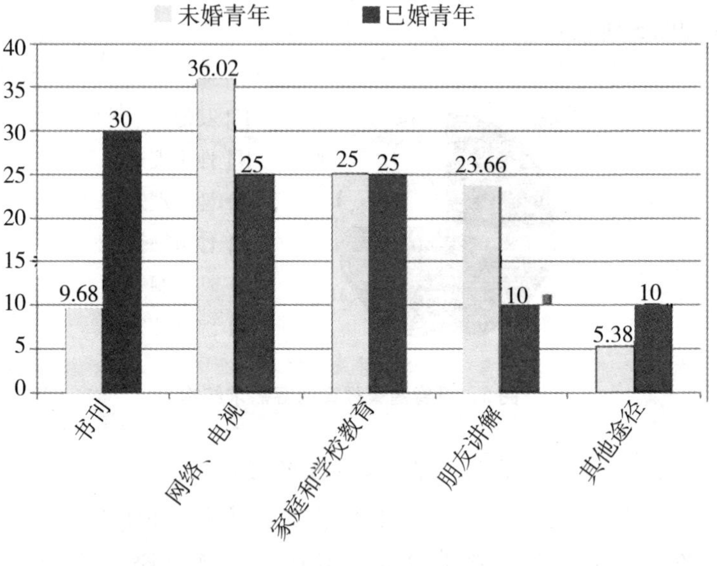

Pearson chi2（8） =16.3033 Pr =0.038

图6 性健康知识的获取途径（单位:%）

相关性健康知识的没有差异，都是25%，但是从书刊、网络与电视以及朋友的讲解中获取上存在明显的差异。未婚青年大多从网络、电视和朋友的讲解中获取，而已婚青年更多是通过书刊和其他途径来获取相关性知识。

（八）青少年性观念的嬗变——传统与现代间的“隔层”

性在中国传统文化中历来都是含蓄避讳的。由于封建思想作祟，上代家长说不出口，老师挑着讲，下代人又用同样的方法“敷衍”后代，随着时间的推移，积压在青少年性教育上的历史欠账越来越多（王兵，2010）。改革开放以来，受西方思想文化的冲击，导致传统的思想观念有所动摇，青少年的性观念逐渐趋于开放，很多人认为性不再是一个难以启齿的话题，甚至有的人认为可以公开谈论性话题。从我们的调查结果中不难看出，30.3%的青少年认为性不再是一个难以启齿的话题，63%的被访者认为要看在什么场合谈论，在公共场合是一个难以启齿的话题，但在学术研究中可以讨论与性有关的话题，认为不是一个难以启齿的话题。另外，还有7.21%的被调查者认为，即便在现代社会生活中性仍然是一个不好意思开口讨论的敏感话题。由此可见，青少年的性观念正处于传统与现代之间的过渡阶段，青少年的性观念发生了一定的变化。

（九）家庭在性健康教育中的“场域缺失”

青春健康教育需要不同部门、不同主体、不同机构共同努力。但是从目前我国青春健康教育的现状来看，学校在青少年的青春健康教育中责无旁贷，发挥了重要的作用，35%的青少年青春健康教育知识来自学校；而家庭作为孩子的最初的“学校”，父母作为孩子的第一任“教师”在这方面的贡献却有所折扣，来自家庭教育的比重只有7%，与学校在这方面的教育形成明显的落差。更令人担忧的是，24%的青少年既没有接受过家庭的教育，也没有接受过学校的教育（如图7所示）。这非常不利于青少年的身心健康成长，青少年青春期性健康教育是现代素质教育的重要组成部分。青春期性健康教育必须由学校、家庭、社会进行全方位教育，其中教师和家长的作用尤为重要（赵伟，2004），但是当前我国许多家庭在孩子的青春健康教育中存在严重的“场域缺失”，这是我国青少年青春健康教育知识贫乏的一大病根。

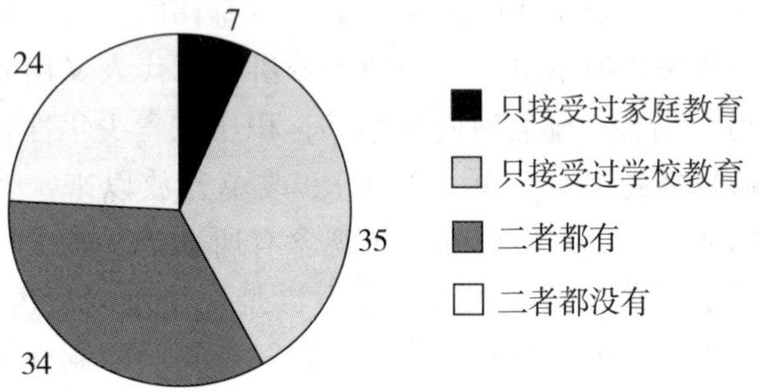

图7　性健康教育的接受情况（单位:%）

（十）遵循性健康教育的性别平等原则

在青春健康教育培训过程中，除了一些非常特殊的、专业的（比如妇科专业知识），不能带有任何性别视角的培训活动，性健康教育对女性重要，对男性同样也非常重要。健康不分性别，健康没有地位之差。调查结果发现，当前许多青少年已经认识到性健康教育是没有性别之分的，对男性与女性同等重要（87.8%），但还有部分群体持偏见的态度，7.8%的青少年认为对女性更重要，4.4%的青少年认为对男性更重要（如图8所示）。不论认为对男性更重要，还是对女性更重要的性别偏见都是不正确的看法。我们要扭转歪曲的健康教育观，培养正确的性健康教育理念，遵循性健康教育的性别平等原则，对男女平等地实施性健康教育机会。

青少年性健康教育必须同时伴随着性别平等的教育，特别是要教育青年男子学会尊重女性的自主性与自愿性，在性行为和生殖方面与女性共同分担责任、双方互相协商。男女青年平等地获得性保健服务，在没有歧视、强迫和暴力下做出有关性生活安排及生育决定的权利等，性别平等是妇女获得性和生殖健康最基本的条件。

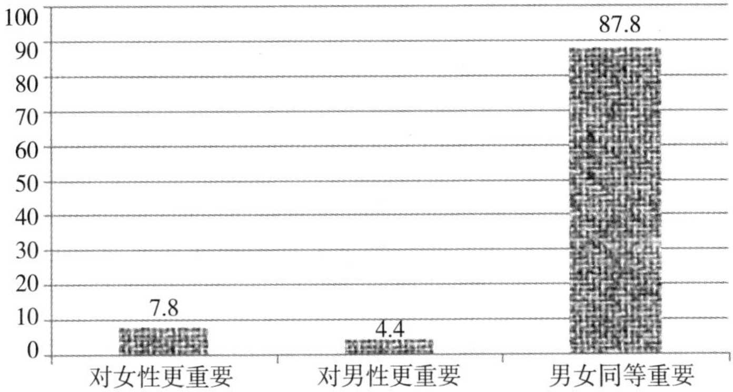

图8　性健康教育的性别平等性（单位:%）

五、对策建议

本研究通过课题组设计的“曲靖市麒麟区青春健康教育需求”调查问卷，对曲靖市青少年的青春健康教育需求进行调查分析，主要得出以下结论：青少年对青春健康教育的知晓度比较低，而且存在明显性别差异，男性知晓度高于女性。在社区开展青春健康教育活动是一项非常有必要的活动，但教育培训的内容选择要符合青少年实际需求。教育培训活动地点可以适当地向农村社区倾斜，因为农村的青春健康知识更为贫乏。在选择培训的对象时要具有针对性，最佳受众群体宜选择初高中阶段的青少年。培训主体可以采用教师—父母—同龄人等多元化的形式；教育培训内容可以倾向于性道德、性生理以及综合性知识的教育培训；具体培训应采用专题讲座与教育网站等多样化的形式；在培训过程中必须遵循性别平等的原则，性健康教育对男性和女性同等重要。针对上述研究结论，为了更有效地为青少年提供青春健康教育服务，我们提出如下对策建议。

（一）教育培训内容要选择得当

在性健康教育培训过程中，一定要根据不同的培训对象设计不同的教育内容，具体措施可以让社区青少年参与到培训内容的选择活动中来。一方面，体现青春健康教育活动的自主性原则；另一方面，也可以实现青春健康教育活动在社区的“本土化”过程，更有效地为社区青少年成长服务。

（二）培训地点的选择上适当向农村社区倾斜

以往的很多健康教育培训活动主要集中在高校和城区进行，很少在农村社区开展相应的性健康教育培训活动，这与农村青少年的健康教育需求形成尖锐的矛盾。在农村社区，很多知识尤其是关于性与生殖健康教育知识很难在观念相对保守的农村社区普及，因此农村青少年更渴望获取这方面的知识。

（三）培训对象要具有针对性

为了提高性健康教育培训的效率与收益，青春健康教育培训活动要具针对性，虽然健康贯穿人的终身，但是性健康教育主要集中在12—17岁的初高中阶段。我们不能遍地撒网，而要有的放矢，提高教育培训活动效率，用最小的投入获得最大的收益。

（四）应突出父母在孩子性健康教育培训活动中的先导作用

在传统的农业社会中，我国的性观念趋于保守，家长几乎不会和孩子谈与性有关的话题，但是改革开放以来，很多传统的观念受到了新思潮的冲击，许多青少年认为性不再是一个难以启齿的话题，家长可以选择在合适的场合、合适的时机对孩子进行性健康教育，父母有责任和义务对其孩子进行适当的青春健康教育。

（五）教育培训活动必须遵循“性别平等”原则

性健康教育对男性和女性具有同等重要的意义，在具体培训过程中绝对不能设置“单性别”的教育培训活动，以限制某一性别的群体参与活动，这样首先会让“缺场”性别的群体觉得活动有一种神秘感，其次违背了性健康教育培训活动性别平等的原则，当然一些固定性别角色扮演活动可以除外。

【参考文献】

［1］陈晶琦，叶广俊．青春期性健康教育现状及展望［J］．性学，1996，5（2）：30—34.

［2］宁夏银川西夏区卫生计生局．青春期健康教育促青少年健康发展［J］．人口与计划生育，2016（6）：40—41.

［3］宋波．浅谈青少年的青春期健康教育［J］．成才之路，2011（18）：88.

［4］王兵．青少年性教育何时不再羞答答［N］．宝鸡日报，2010－01－29：A04.

［5］杨丽华，等．北京市怀柔区青少年青春期健康教育需求调查［J］．中国健康教育，2008，24（5）：379—380.

［6］邹延艾．青春健康教育的意义［J］．中国学校体育，1994（1）：57—58.

［7］周敏，等．农村中学生生殖健康教育需求调查［J］．中国公共卫生，2005，21（9）：1025—1027.

［8］赵丽萍，张栋．如何在青少年中开展青春期性健康教育［J］．卫生职业教育，2004，22（24）：22—23.

［9］赵伟．应当重视青少年的青春期性健康教育［J］．兰州教育学院学报，2004（3）：38—44.

［10］张继安，杜文建，薛珍珍．青春期健康教育需求调查［J］．中国健康教育，2003，19（5）：345—346.

少数民族地区青少年性与生殖健康教育的现状与对策研究

——以云南省昭通市盐津县为例

摘　要：本文通过问卷调查法与访谈法对少数民族地区青少年性与生殖健康教育的现状进行了调查，发现少数民族地区青少年性与生殖健康教育现状有待改善，故提出建构少数民族地区“家庭—学校—社区—同伴”四位一体的性与生殖健康教育体系，以应对少数民族青少年性与生殖健康教育困局。

关键词：少数民族；青少年；性与生殖健康教育；四位一体

一、研究的缘起

艾滋病是世界性的重大公共卫生问题和社会问题，该病流行迅速、病死率高，对经济社会的破坏性大，已对人类生存和发展构成严重的威胁，迄今已造成3400多万人死亡。2014年世界卫生组织调查数据显示，全球有120万人死于与艾滋病毒相关的病症；到2014年底，约有3690万名艾滋病毒携带者；2014年，全球有200万人新感染艾滋病毒。中国亦将艾滋病列为重点防治的传染病之一。据中国疾病预防控制中心性病艾滋病预防控制中心2015年11月30日发布数据报告显示，截至2015年10月底，全国报告存活的艾滋病病毒感染者和病人共计 57.5 万人，死亡 17.7 万人。①

世界范围内青少年婚前性行为正在增加，其中多数是风险性的、无计划以及无保护性的，② 这使得青少年群体成为世界上 HIV 感染的最脆弱的群体。③ 性传播成为该群体艾滋病感染的主要途径，男男传播成为主流。联合国艾滋病联合方案中显示：在世界多数地区，新感染者大部分是 15—24 岁之间的年轻人，有时甚至年龄更低。青少年［联合国划分标准青少年（young people）是指 10—24 岁的人］比成年人更容易感染艾滋病病毒，因为他们的初次性经历可能在未获得适当信息和指导的环境下发生。青壮年经性接触途径感染艾滋病的人数也在逐年增多。近五年的数据显示，在 15—24 岁群体中，通过性交染上 HIV 的占到 96%，男男同性感染比例占到 57%。从 2014 年和 2015 年 1 到 10 月的数据来看，15—24 岁的学生新增感染艾滋病病毒中，同性造成的感染占 82%。另外，感染艾滋病病毒的男女学生性别比是 11∶1。男男同性恋造成艾滋病病毒感染的增长幅度却很大。

青少年性与生殖健康意识淡薄，不利于个人健康成长成才，也不利于家庭幸福和睦，成为社会不安定和谐的重要隐患。据相关部门 2015 年大学生性与生殖健康调查问卷结果显示：20.3% 的调查对象曾发生过插入式性行为，其中超过半数在首次性行为时未使用任何避孕方法，发生过性行为的人群中 11.0% 有（致使）过怀孕，有婚前性行为的女性青少年中，超

① 世界卫生组织 . http：//www. who. int/mediacentre/news/notes/2016/international－aids－conference/zh/，2014. 世卫组织在国际艾滋病大会上提请注意全球艾滋病毒应对工作面临的主要挑战 .

② McManus A.，Dhar L. Study of knowledge，perception and attitude of adolescent girls towards STIs/HIV，safer sex and sex education：a cross sectional survey of urban adolescent school girls in South Delhi，India. BMC Women Health，2008（8）：12.

③ Iriyama S.，Nakahara S.，Jimba M.，Ichikawa M.，Wakai S. AIDS health beliefs and intention for sexual abstinence among male adolescent students in Kathmandu，Nepal：a test of perceived severity and susceptibility. Public Health，2007，121（1）：64—72.

过20%的人曾非意愿妊娠，其中91%以人工流产为结局。35.1%的调查对象报告曾遭遇过不同程度与形式的性暴力或性骚扰。此外有数据显示我国每年人工流产在1300万例以上，而未婚怀孕和人工流产低龄化成为近年来非常显著的趋势。

由此可见，当前青少年性与生殖健康问题堪忧，性健康教育迫在眉睫，然而中国性健康教育存在诸多问题，在有效回应青少年性与生殖健康教育需求方面呈现不足。因此，加强对青少年性与生殖健康教育的调查研究，全面掌握青少年性与生殖健康教育的需求，进一步指导青少年性与生殖健康教育实践，树立正确的性教育观念，提高青少年性与生殖健康意识，提升青少年自我保护与抵御风险能力，有着积极的意义。

二、研究方法

（一）研究田野点

云南省昭通市盐津县位于云南省东北部，地处滇东北云川交界处，位于昭通、宜宾两市之中部，总面积2091平方千米。由于处于乌蒙山脉北部斜坡地带，西南高、东北低，共辖6镇4乡，共94个村（社区）委员会，2552个村（民）小组。据不完全统计，截至2016年年末，盐津县常住人口约38.8万人，公安户籍总人口392406人，其中：汉族376783人，少数民族15623人（苗族14513人、回族140人、彝族381人、白族118人，其他少数民族471人）。2015年年末，盐津县基础教育学校（包括普通中小学、幼儿园）180所（不含3个小学教学点），其中：中学18所（含完中4所）。本次调查点盐津县第一和第二中学在2015年共引进师资60人，其中，数学12人、语文10人、英语9人、物理7人、地理9人、化学2人、历史7人、信息技术2人，其他2人，尚未引入从事性与生殖健康教育的教师。其青少年获取性与生殖健康教育的途径多来自生物课中简单的青春护理知识，远不能满足青少年青春期成长之需，此外性教育教材缺乏，性教育体系不完善，获取性知识的渠道不规范等情况严重。

（二）资料收集方法：问卷调查法与访谈法

一方面，本研究采用问卷调查法对云南省昭通市盐津县中学生进行随机调查，共发放问卷260份，收回有效问卷235份，有效回收率90.4%。问卷内容主要包括学生自身对性教育知识的了解情况、性态度、自我保护意识与能力以及自身对家庭、学校等主体开展性教育的基本情况与认识等内容。

另一方面，本研究采用访谈法，重点对涉及青少年性与生殖健康教育的各类主体，如家长、教师、青少年同龄群体进行了深度访谈。全面调查少数民族地区青少年性与生殖教育的现状，并探寻解决路径。

三、研究结论与分析

（一）少数民族地区青少年自身性与生殖健康教育意识淡薄，性知识与观念深受少数民族文化与习俗的影响

有学者指出，近30年来，我国青少年的性发育有着明显提前的趋势，特别是在非汉族地区与非城镇地区的青年提前比率较高。甚至有研究表明少数民族女性月经初潮早于汉族。少数民族青少年由于长期生活在民族地区，深受民族文化、习俗、宗教等影响，有许多特殊之处，而少数民族青少年价值观，作为民族传统文化深刻凝结的果实，是在长期与特定的自然、家庭及社会环境相互作用的实践中形成的，具有较强的地域特色和特殊审美取向。①

从本次调查数据可以看到，20.3%的学生对此方面知识认识稍为充分；21.7%的学生对此概念模糊不清；23.6%的被调查者接受过关于青少年性与生殖健康教育方面的知识教育；32.7%的调查对象对性与生殖健康的认识较为浅薄，生殖健康

① 高莹莹，张开宁．青少年性与生殖健康服务面临的新挑战和新任务［J］．中国计划生育学杂志，2008（12）：726、727、762.

意识淡薄；其他的占1.7%。

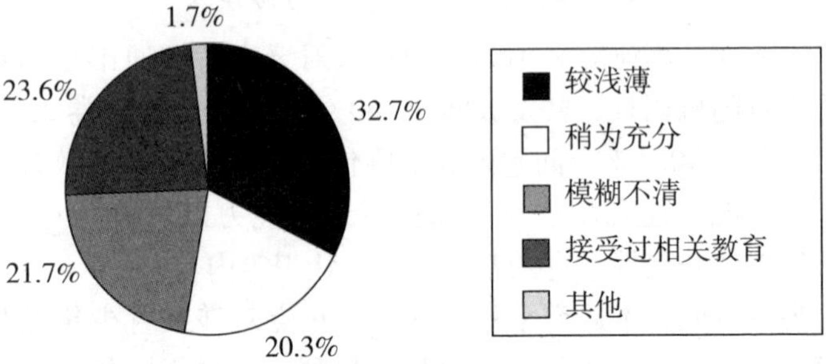

图1　青少年对性与生殖健康的认识情况

相关研究亦表明，当代青少年对婚前性态度、性行为普遍持宽容态度；部分青少年性行为方面表现出随意性或是在性行为时因欠缺自我保护意识，很少采取有效避孕措施。笔者认为，造成青少年性与生殖健康知识的缺乏及困惑的原因有：一方面，少数民族地区青少年获取知识的途径单一。尽管性与生殖健康教育问题如此重要，但日常生活中，青少年获取性健康知识的途径却很少，青少年到了初中才会偶尔接触到一两堂“生理卫生”课，且内容比较单一。另一方面是青少年易受一些媒体的误导。在现代科学技术迅猛发展、交流手段平台多元与无序、价值交融频繁的背景下，青少年因为生理心理发展不平衡，面对纷繁复杂、五彩纷呈的信息，常常无所适从，更难以谈辨别和有针对性地吸收，例如，随处可见的无痛人工流产广告对未婚怀孕的青少年有着巨大影响，它在一定程度上把人工流产描述得轻松简单，甚至误导青少年把人工流产当成避孕的工具。此外，受少数民族文化习俗以及固有观念的影响，也使得青少年羞于获取生殖健康教育的知识。

（二）少数民族家长在性与生殖健康教育能力上的不足，导致了家庭在青少年性健康教育中的作用难以发挥

本次调查结果显示，44.26%的被调查者表示自己的父母曾

经对自己开展过性教育，但内容仅限于“女生特殊时期的简单护理”“不和陌生异性外出或过夜”等内容，父母自身对相关知识的了解缺乏系统性，多根据自身经验和老辈口口相传。40.31%的被调查者表示家长会与自己进行社会、文化等方面的沟通，但在性与生殖健康方面经常与自己进行沟通并就有关性和生殖健康知识进行讲解的仅为5.3%，6.1%的父母多用生活中关于性教育缺失引起的不良事故对孩子进行旁敲侧击。甚至有40.3%的家长从来没有对孩子进行相关性教育知识的传授与讲解（见表1）。

表1　父母对青少年进行性与生殖健康教育的情况

情　况	概　率
开展过性教育，但内容仅限于“女生特殊时期的简单护理”等内容，且多根据自身经验和老辈口口相传	44.26%
会对青少年进行社会、文化等方面的沟通	40.31%
在性与生殖健康方面经常与青少年进行沟通并就有关性和生殖健康知识进行讲解	5.3%
用生活中关于性教育缺失引起的不良事故对孩子进行旁敲侧击	6.1%
从来没有对青少年进行相关性教育知识的传授与讲解	40.3%
其他	2.04%

访谈中，相当一部分少数民族家长受传统观念的影响（谈性色变），认为性教育是件害羞的事情，不好意思与孩子进行交流，认为性健康教育的主体应该是学校，与家庭没有多大关系，希望孩子从学校获得科学的系统的性健康教育知识。有个别家长相信“无师自通论”，认为性成熟和性行为是自然成熟的过程，不需要教导。部分家长则是因为自身这方面的知识了解得不多不知怎样教。此外，访问中，发现一部分少数民族地区家庭对青少年性健康教育一直采取回避的态度，普遍认为对

青少年谈性的问题，显然不利于青少年的成长。

（三）学校性与生殖健康教育的缺失，导致众多少数民族地区青少年性与生殖健康及风险预防的重要保障丧失

在此次调查中，82.1%的是少数民族青少年，他们认为最广泛、最重要、自己也最能接受的性与生殖健康知识来源是书/杂志，63.3%认为是同学/朋友，59.7%则认为是学校老师，网络是58.1%，以及57.9%的学生认为是电影/电视。此外还有11.2%的学生认为母亲是重要来源（见表2）。

表2　青少年认为最广泛、最重要和最能接受的性健康知识来源

知识来源	概　率	排　序
书/杂志	82.1%	1
同学/朋友	63.3%	2
学校老师	59.7%	3
网络	58.1%	4
电影/电视	57.9%	5
母亲	11.2%	6
宣传册	10.1%	7
宣传栏/板报	2.2%	11
兄弟姐妹	8.4%	8
父亲	1.7%	13
其他家庭成员	2.1%	12
药店	7.5%	9
医生/护士	5.4%	10
不了解	1.2%	14
其他	0.4%	15

以学校为基础的性教育仍然是一个挑战，尤其对发展中国

家而言，在学校范围内讨论性、性传播疾病、艾滋病等议题严重受制于社会文化禁忌。① 大多数的学校往往缺乏友好、积极的环境以及正式的指导或咨询系统，以便为学生提供性健康事务咨询和支持。② 因为学生需要和获得这些信息经常是不完整和不充分的，他们经常对学校性健康教育提供状况表示不满。③ 由于少数民族自身的特殊性以及受社会、经济、历史、自然等种种因素的制约，使得少数民族学校性与生殖健康教育依然困难重重，步履维艰。

一方面，性与生殖健康教育师资缺乏。一直以来少数民族教育处于薄弱环节，师资匮乏问题是其发展的主要瓶颈。由于历史的原因，盐津县是一个多山少地、偏远贫困的艰苦地区，很难引入足够的师资，而外地教师苦于环境的艰苦，流入更少，最终导致教师缺乏。而在这有限的师资队伍中，从事性与生殖健康教育模块的教师因未接受过专业培养，专业知识不足，故掌握系统全面性与生殖健康教育知识的教师十分有限，欠缺有效的教学方法，难以承担青少年性与生殖健康教育的重任。

另一方面，教育内容单一，未设置有性健康相关知识的教学与实践。长期以来受制于少数民族地区的社会文化价值观影响，思想观念较为保守，教育的观念和价值尚未深入人心。多数民众否定现有教育的价值与意义，坚持“读书无用论”，迫于国策压力，勉强送孩子入学，期望孩子掌握基本的读写计算能力，而对教育本身并非真正感兴趣，更不会希冀受到性知识教育。学校在教育内容设置上较少考虑性教育相关课程。

---

① Buhi E. R.， Goodson P. Predictors of adolescent sexual behavior and intention：a theory – guided systematic review. Adolesce Health，2007，40（1）：4—21.

② Acharya D. R.， Van Teilingen E.， Simkhada P. Opportunities and challenges in school – based sex and sexual health education in Nepal. Kathmandu Univ Med J（KUMJ），2009，7（28）：445—453.

③ Seung – Duk K.， Eun – Joo K.， Hye – Kyung S.， Aeree S. Viewpoints of Korean senior high school students on school – based sex education. Asia Pac J Public Health，2001，13（Suppl：S）：31—35.

基于以上原因，盐津县青少年性健康知识水平参差不齐。少数民族地区人们对性病、艾滋病的知晓率与发达地区相比亦有差距，导致众多少数民族地区青少年性与生殖健康及风险预防的重要保障丧失。

（四）少数民族地区对性与生殖健康教育的接受与认可不足，易受外来文化与大众传媒的影响，性与生殖健康教育的再普及任重道远

首先，在当前信息爆炸时代，各种恰当的、不恰当的性与生殖健康知识充斥在电影、电视、刊物以及网络中，但大众传媒提供的正规的、成体系的性与生殖健康教育信息并不多，尤其是针对青少年的就更为缺乏，这易让青少年对性与生殖健康教育的理解造成片面性。其次，网络是把“双刃剑”，其对无论是先进的还是落后的，健康的还是不健康的文化都进行传播，这无疑使青少年面临着大量的信息判断，但由于青少年心理生理的不成熟，他们很难对面临的信息进行正确合理的判断，并进行恰当的选择。

少数民族地区由于经济、文化、教育、医疗卫生的落后，不论是一般的居民群体，还是在校的高中生群体，受性与生殖健康知识教育的机会少，对外界的人和事有不同程度的排斥及封闭心理。然而现代信息技术为少数民族青少年打开了一扇“门”，一扇了解自己、了解异族文化、了解外部世界的大门，在少数民族青少年中，手机、互联网等现代通信工具，成为其向外学习与交流的重要窗口。但现代通信媒体资源的鱼龙混杂，使得一些错误的、误导性的知识进入少数民族青少年的视野，这些缺乏知识分辨能力的青少年群体，在性知识学习与经验传播过程中，一度出现偏差。在访谈中，有学生提及，本校有多例女生因为意外怀孕退学的现象，有教师亦指出，个别学生晚自习结束后在空旷隐秘之处，实施无保护的性行为，学校成为青少年性实践的重要场所。

四、对策与建议

基于少数民族地区青少年性与生殖健康教育的现实，笔者认为，建构少数民族地区“家庭—学校—社会—同伴”四位一体的性与生殖健康教育体系，即以家庭教育为基础、以学校教育为保障、以社区教育为支撑、以同伴教育为补充的青少年性与生殖健康教育体系，对充分应对当前民族地区性健康教育的局限有着深远的意义。

（一）以家庭教育为基础，充分发挥家庭教育在性与生殖健康教育中的积极作用

首先，协助家长树立正确的性教育观念，明确自身在子女性健康教育中的主体性。家庭是儿童社会化的第一场所乃至终身场所，父母是他们的第一交往对象，更是他们在发展阶段的核心影响源，父母教养方式对孩子的影响是深刻而长远的，家长对孩子的性教育可以在潜移默化中进行。基于调查中多数家长的回避与逃避态度，笔者认为，通过社会宣传教育、大众传媒以及社区组织家长性健康知识培训，帮助家长梳理正确的性教育态度与观念、明确自身的责任有着重要的意义。

其次，提升家长的性与生殖健康教育能力，为孩子提供身心健康成长的港湾。一方面可以以学校教育为依托，通过专业师资组织学生家长开展性健康教育能力培训或性健康知识讲座，普及青春期生理、心理健康相关知识和性健康知识，促进家长知识的提升。另一方面，要加强家长之间的互助合作，成立家长自助互助小组，通过家长赋权，实现家长的成长，打造家长性与生殖健康教育实践与交流平台，拓展社会支持网络，形成以生命教育为核心的家庭教育体系，关注和保障青少年身心健康成长。

最后，以社区组织为依托，推动家长参与性与生殖健康教育与性病艾滋病预防与防治工作，扩大社区宣传，社区组织通过承办政府购买服务项目，加强对少数民族地区家长性与生殖

健康教育能力的培育与指导，为家长提供源源不断的智力支持与专业支撑。

（二）以学校教育为重点，强化学校在青少年性与生殖健康教育中的主体性

首先，将性教育纳入学校课程设置，构建学校性与生殖健康教育体系。学校作为个体社会化的主要场所，在价值观念、行为方式、知识技能习得等方面发挥着重要的作用。同样，性教育观念、性道德、性伦理意识的形成和培育需要有效依托传统学校教育来实现。因此，将性教育内容纳入学校课程内容，实现性健康教育的规范化、合理化，能确保青少年性健康教育落到实处、惠及民众。课程设置之性教育内容应该基于生命发展的不同时期，因地制宜地开发与利用性教材，形成从学前教育、小学教育、初中教育、高中教育以及大学教育为一体的，层次化、系统化的性健康教育体系，有效构筑青少年性健康与安全的多层级保障网，增强其性健康与疾病风险防御意识。

其次，积极引进吸纳或培养储备性健康教育师资，为青少年性健康教育提供技术保障与智力支持。这些师资的专业背景应该融心理学、教育学、社会工作、医学等背景于一体，能有效应对青少年健康成长中的各类专业知识需求与辅导。同时，学校通过开展家长性与生殖健康教育课堂，利于让家长充分解读性与生殖健康教育知识，与家长知识教导相呼应，使学校教育与家庭教育有效结合，更好地督促和指导孩子。

再次，建立适合我国国情的综合性的青春教育课程，充分发挥学校开展性教育的主渠道作用，并将教学规划、课时、教学内容和教材、教学方法及师资培训等具体安排落实到位，调动学校各方面的力量，全面渗透、多渠道、全方位推进青少年性与生殖健康教育应是学校重要策略。

最后，学校要加强校园文化建设，营造和谐健康校园环境，加强对青少年的正确引导与指导。学校文化包括物质文化、制度文化、精神文化。健康的校园知识环境对学生的人格转变及

塑造具有独特的引导作用，在青少年提升自己的品质的过程中扮演着重要角色。

（三）以社区教育为支撑，有效使用社区教育多元手段与方式，推广性与生殖健康教育

社区教育，即在特定的社区中进行的有组织的教育活动。它是在专门机构的组织、协调下，运用专业化的方法、手段，调动社区资源，以满足社区居民受教育需要，是推动社区建设与社区发展的一门教育科学、一项社会化的教育事业。① 社区教育是社会发展和时代变革的产物。社区教育将教育置于受教育者所处之情境化、社会化的领域中，使教育、教育者以及整个教育行动纳入整个社会系统之中，可以充分遵循受教育者的教育需求，以社区居民需求为本，多方整合社区内外部资源，开展有益于居民素质提升、生活品质改善的教育实践活动，促进居民的全面、可持续发展。社区作为学生日常生活情境化、脉络化的重要媒介和场所，是日后学生融入社会的重要试验场，在学生认知行为、社会交往以及知识训练与培养等方面发挥着家庭教育、学校教育无法取代的作用。然而当前少数民族地区青少年性与生殖健康教育缺乏社会支持与保障，社会认可度不高，笔者认为，强化社区教育势在必行。

第一，全面完善社区服务内容，重点开发青少年健康发展项目。通过社区辐射家庭、学校与组织，有效满足青少年成长的基本需求。如通过组织社区青少年性与生殖健康教育培训，重点培养社区青少年自我保护与疾病预防意识；通过社区培训，树立正确的性道德与性伦理意识，并能结合相关案例，对青少年群体开展必要的法制教育；根据青少年的需求，通过社区联合劳动、教育、工商等部门开展道德培训、素养介绍、信息咨询等服务；此外，应加强社区教育、社区卫生等服务内容与体系的建构，为青少年成长构筑完整的健康教育、卫生教育体系，

① 来源：Tonda 学术论文库．社区浸润式教育的实践研究及其理论分析．

当地居委会、村委会应该发挥积极作用，全面整合资源，通过资源共筑共享，实现教育资源、专业技术资源的共享，促进青少年群体的成长。

第二，社区层面开展青少年心理健康服务，成立社区青少年危机干预热线。针对青少年的生理、心理特点，定期聘请专家进入社区开展心理健康讲座，加强青春期心理教育，促进青少年健全人格的形成；社区有效利用电视、广播、报纸、杂志等现代传媒，通过举办特别栏目和开展社区教育方式，对未婚青年性与生殖健康以及已婚青年婚姻与家庭生活提供咨询服务；社区创造条件设立心理辅导室和心理咨询热线电话，对存在心理障碍、在性健康方面遇到困惑的青少年提供有针对性的心理辅导和心理矫治服务；依托社区相关单位的经济文化等有利条件，通过开设社区自我保护训练班、演练基地、自我保护学校等方式，帮助社区青少年掌握正当防卫、紧急避难、法律援助等必要的自我保护知识与能力。

第三，努力搭建社区青少年性健康教育平台，完善青少年性教育之社会支持网络。社区要健全以街道为核心，社区、街道、居委会并举，社会、学校、家庭三位一体的全方位社区青少年性教育网络。同时要建立社区青少年管理档案。社区青少年工作人员需经常性地开展调查，掌握社区内青少年性教育发展的状况，建立详细档案，并根据其行为变化定期更新，做到底数清、心理特征清、目前状况清。完善社区青少年评价体系。通过社区、学校、单位联系等方式，建立社区与学校、单位的沟通反馈机制，及时地掌握青少年的综合表现。

第四，强化政府对社区青少年教育工作的统筹职能。少数民族地区学校教育存在的问题很多，如：学的书本知识与生活相脱节，学科之间的知识构不成联系，性教育知识缺乏等等，都需要由社区的宣传教育来配套和补充。因此，关键是要建立科学、有效的管理体制和运行机制。依据社区的现实情况，倡导构建政府统筹、教育主导、社区参与、资源分享的社区青少年宣传教育管理机制和运作体制。要将社区对青少年性与生殖健康宣传教育工作纳入政府目标管理范畴。下发相关文件，统一部署，将社区青少年性教育工作纳入教育督导评估的内容，定期进行宣传评估，并予以奖励和惩罚。

（四）以同伴教育为补充，充分利用青少年同伴群体性教育实践的优势和能量，开展青少年性与生殖健康教育

同伴教育是一种客观存在，是一个人社会化的重要途径，也是一种教育行为。它是指一定的人群中存在的交流或者教育的方式，通过在一起分享知识和观念，利用朋辈的影响力，在彼此之间传递健康向上的思想、知识，以唤起共鸣，促使青少年教育内化的一种教育方式。同伴教育活动多采用参与式互动方式进行，或者说小组工作的方式来组织实施，活动过程穿插热身游戏、知识问答、小组讨论、案例分析、情境表演等多样化的方式，适合青少年在开放、欢乐的学习氛围中学习与成长，增强性别平等意识和基本权利意识，认识到掌握安全、健康、负责的性与生殖健康行为能力的重要性，从而促进其身心健康全面发展。笔者认为，针对少数民族青少年性与生殖健康同伴教育可以遵循如下路径：

首先，培育少数民族同伴教育精英，即对愿意帮助他人和从事青少年性与生殖健康教育，人际沟通能力较强且有影响力和号召力的少数民族青少年（同伴教育者）进行有目的的培训，使其掌握一定的性教育知识和技巧，然后再由他们向周围的青少年传播知识和技能，甚至向更广泛的范围传播，以达到性与生殖健康教育的目的。

其次，进行培训后的测试。通过口头或书面的测试，同伴教育精英的能力，这些能力包括性健康知识掌握能力、同伴教育知识与技巧掌握情况，基本沟通与组织以及表达能力，对合格的同伴教育精英进行肯定，对尚需要进一步提升的同伴教育者进行再培训，或者将其与能力较强同伴教育精英搭档合作开展同伴教育，在实践中提升能力。

最后，同伴教育者本着尊重、理解、负责、安全的原则对少数民族青少年群体开展同伴教育活动，改变传统的授教形式，以同龄的青年人相互教育、相互影响的方式，倡导青年人树立平等的价值观和审慎的爱情观、倡导恋爱双方共同的对爱情和健康负责的态度、了解和掌握避孕和流产的基本知识和相关技能、了解艾滋病的预防知识及预防方法、识别危险行为和危险场所。

【参考文献】

[1] 李继峰，张洪雁，张海涛．学生家长在青少年性与生殖健康教育中的作用［J］．中国性科学，2007（12）：32—34.

[2] 高莹莹，张开宁．青少年性与生殖健康服务面临的新挑战和新任务［J］．中国计划生育学杂志，2008（12）：726、727、762.

[3] 过保录．以学校为基础的青少年性与生殖健康教育解读［J］．中国性科学，2008（3）：23—29.

[4] 王丽，高尔生．中国青少年性生理及性心理研究状况［J］．中国计划生育学杂志，2009（1）：54—55.

[5] 宣兆凯．学校社会工作理念与21世纪中国社区教育发展［J］．北京师范大学学报（人文社会科学版），2001（2）：55—56.

[6] 张波．青少年生殖健康状况及社会工作介入研究［D］．重庆：重庆工商大学，2015：10—12.

[7] 张芝．巢湖市居巢区青少年生殖健康服务研究［D］．合肥：安徽大学，2010：11—15.

[8] 陈颖．同伴教育项目有效性研究［D］．北京：中国青年政治学院，2009：2—5.

[9] McManus A.，Dhar L. Study of knowledge，perception and attitude of adolescent girls towards STIs/HIV，safer sex and sex education：a cross sectional survey of urban adolescent school girls

in South Delhi, India. BMC Women Health, 2008 (8): 12.

[10] Iriyama S., Nakahara S., Jimba M., Ichikawa M., Wakai S. AIDS health beliefs and intention for sexual abstinence among male adolescent students in Kathmandu, Nepal: a test of perceived severity and susceptibility. Public Health, 2007, 121 (1): 64—72.

[11] Buhi E. R., Goodson P. Predictors of adolescent sexual behavior and intention: a theory - guided systematic review. J Adolesce Health, 2007, 40 (1): 4—21.

[12] Acharya D. R., Van Teilingen E., Simkhada P. Opportunities and challenges in school - based sex and sexual health education in Nepal. Kathmandu Univ Med J (KUMJ) 2009, 7 (28): 445—453.

[13] Seung - Duk K., Eun - Joo K., Hye - Kyung S., Aeree S. Viewpoints of Korean senior high school students on school - based sex education. Asia Pac J Public Health, 2001, 13 (Suppl: S): 31—35.

社会工作视角下“四位一体”高校青春健康教育模式的实践与反思

摘　要：本文基于社会工作视角，以M高校青春健康教育项目为例，以青春健康教育、同伴教育理论为指导，以专业社会工作介入方法为支撑，论述了“四位一体的高校青春健康教育模式”在M校的实践过程与内容，并针对M校青春健康教育项目实践过程中存在的问题进行了反思；最后提出了应对之策。

关键词：社会工作；同伴教育；青春健康教育；四位一体

一、项目背景

众所周知，艾滋病问题是世界性的重大公共卫生和社会问题，艾滋病流行迅速、病死率高，对人类生存和发展构成严重的威胁，迄今已造成3500多万人死亡。世界卫生组织实况调查报告数据显示，到2016年年底全球约有3670万名艾滋病毒携带者，该年有110万人死于艾滋病病毒相关病症，全球有210万人新感染艾滋病毒。[①] 中国疾病预防控制中心性病艾滋病预防控制中心2015年11月30日发布数据报告显示，截至2015年10月底，全国报告存活的艾滋病病毒感染者和病人共计57.5

① 世界卫生组织．世界卫生组织艾滋病毒和艾滋病实况报道．http：//www. syjkjy. org. cn/newsview－988. aspx，2017－05－14.

万人，死亡 17.7 万人。①

世界范围内青少年婚前性行为正在增加，其中多数是风险性的、无计划以及无保护性的，② 这使得青少年群体成为世界上 HIV 感染的最脆弱的群体。③ 根据河北省卫计委公布的数据，2014 年以来青少年感染增幅高达 51.4%。15 到 19 岁的学生每年新报告感染人数都在上升。④ 相关报道显示，至 2017 年 4 月 21 日，云集众多高校、青少年学生人口密集的湖南省岳麓区已发现报告青少年学生的感染者为 106 人。⑤ 截至 2016 年 10 月 31 日，艾滋病疫情涉及陕西咸阳市 13 个县市区，且新报告的艾滋病病毒感染者和艾滋病病人中通过性途径传播的比例呈较快上升趋势（占 94.9%），感染人群主要以青壮年为主。⑥ 据 2016 年中国青年报“2011 年到 2015 年，我国 15—24 岁大中学生艾滋病病毒感染者净年均增长率达 35%（扣除检测增加的因素）”，且 65% 的学生感染发生在 18—22 岁的大学期间，中国的艾滋病病毒感染总人数是 57.5 万人，其中学生占 1.6%。据《南方都市报》报道，2015 年 1 月至 10 月北京新增艾滋病病例

---

① 世界卫生组织．世卫组织在国际艾滋病大会上提请注意全球艾滋病毒应对工作面临的主要挑战．http：//www. who. int/mediacentre/news/notes/2016/international - aids - conference/zh/，2014.

② McManus A.，Dhar L. Study of knowledge，perception and attitude of adolescent girls towards STIs/HIV，safer sex and sex education：a cross sectional survey of urban adolescent school girls in South Delhi，India. BMC Women Health，2008（8）：12.

③ Iriyama S.，Nakahara S.，Jimba M.，Ichikawa M.，Wakai S. AIDS health beliefs and intention for sexual abstinence among male adolescent students in Kathmandu，Nepal：a test of perceived severity and susceptibility. Public Health，2007，121（1）：64—72.

④ 京华时报．青年学生成艾滋病感染高发人群　最小感染者只有 14 岁．http：//news. sohu. com/20141130/n406507213. shtml，2017 - 04 - 15.

⑤ 全景网综合媒体．湖南高校 106 名学生染艾滋　同性传播的形势也很严峻．http：//www. p5w. net/money/xfsh/201704/t20170424_ 1770344. htm，2017 - 07 - 09.

⑥ 华商报．60 岁以上老人 20 岁以下青少年艾滋病感染者呈增加趋势．http：//news. ifeng. com/a/20161202/50351358_ 0. shtml，2017 - 04 - 30.

3000余例，青年学生感染人数上升较快。近两年，北京市大学生感染艾滋病每年新增100多例，以同性的性行为传播为主。2015年上海共报告发现青年学生感染者92例，较2016年同期上升31.4%。广州从2002年开始发现学生感染艾滋病病例，截至2013年年底已累计117例，九成都是经同性的性传播感染。从2014年和2016年1到10月的数据来看，15—24岁的学生新增感染艾滋病病毒中，同性造成的感染占82%。[①]

此外，青少年学生性与生殖健康意识淡薄，不利于其成长成才。相关部门2015年大学生性与生殖健康调查问卷结果显示：20.3%的调查对象曾发生过插入式性行为，其中超过半数在首次性行为时未使用任何避孕方法，发生过性行为的人群中11.0%有（致使）过怀孕，有婚前性行为的女性青少年中，超过20%的人曾非意愿妊娠，其中91%以人工流产为结局。35.1%的调查对象报告曾遭遇过不同程度与形式的性暴力或性骚扰。此外有数据显示我国每年人工流产在1300万人以上，而未婚怀孕和人工流产低龄化成为近年来非常显著的趋势。

中共中央国务院颁布《中长期青年发展规划（2016—2025)》，对规划中青年年龄范围界定在14—35周岁，指出青年是国家经济社会发展的生力军和中坚力量，强调未来青年事业发展在青年思想道德、青年教育、青年健康、青年婚恋、青年就业创业、青年文化、青年社会融入与社会参与、青年合法权益维护、预防青少年犯罪、青年社会保障等领域的发展方向与策略，其中多处提及青少年性与生殖健康、艾滋病防治、青少年生命教育、青少年婚恋观等层面的议题。

由此可见，加强青少年青春健康、性教育以及艾滋病防治、生命教育，不仅是回应当前青少年疾病防治现状的必然需求，也是响应国家政策的必然之举。

---

① 中国青年报．重灾区：65%的学生在大学期间感染艾滋病．http：//cq. qq. com/a/20161205/008720. htm，2017-04-25.

二、M 校青春健康教育项目开展情况

自 2015 年以来，M 校依托社会工作专业，连续三年获批中国计生协高校青春健康项目。三年来，M 校青春健康项目一直致力于提高青少年性与生殖健康，艾滋病防治知识水平与风险意识，提高青少年群体自我保护与预防疾病、抵御风险的能力，促进青少年的健康成长与全面发展的总目标。

项目认真践行了提供青年人适宜的性与生殖健康教育和服务；培养社区领袖，开展青少年健康与发展的社区工作；以小组工作等形式，在高校、社区开展青少年性教育的同伴教育小组；开展青少年性与生殖健康教育、青春健康教育以及艾滋病防治教育等方面的社会研究；组建青春健康教育师资，骨干成员和青春健康与艾滋病防治志愿者组成的精英团队；利用传统教学，包括开展青春健康大讲坛、大学生青春健康校级选修课程，全面推广和普及大学生青春健康知识，提高疾病风险意识；将大学生青春健康教育融入学生班级日常管理，通过主题班会、团队活动等形式，使青春健康教育常态化、持续化；通过社会倡导类活动，营造社会关爱的氛围，消除社会歧视（包括对艾滋病、同性恋等人群）。

M 校青春健康项目自 2015 年成立以来，基本实现了 M 校学生群体全覆盖，并辐射到周边社区和该市多家职业中学。在帮助大学生树立正确性观念、普及科学性知识，初步提升大学生自我关爱和保护意识、搭建大学生社会支持网络、创建高校青春健康教育品牌等方面取得了良好的效果，2016 年，M 校成功获批成为中国计生协首批高校青春健康教育示范基地。

三、理论依据

（一）青春健康教育

在医学模式中，健康被定义为没有疾病，或没有生理机能失调。其中的健康理念是：人体器官发育良好，功能正常，体

质健壮，精力充沛，有良好的劳动效能，即传统的健康观——无病就是健康。① 1948 年联合国世界卫生组织制定的《保健大宪章》指出：健康不仅是没有疾病和虚弱，而且是保持身体上、精神上和社会适应能力的完整状态。1978 年国际初级卫生保健大会通过的《阿拉木图宣言》中又重申了健康的含义，指出："健康不仅仅是没病和痛苦，而且包括在身体上、心理和社会各方面的完好状态。" 1982 年联合国世界卫生组织对健康的定义做补充，加进了"道德健康"，形成了人的生理、心理、道德和人与社会、人与环境相适应的整体观念。青春期在生理上是指性器官发育成熟、出现第二性征的阶段；心理上是儿童向成人的过渡阶段，最后达到成熟的时期；社会维度上，追求个人独立，减少依附，发展符合社会期望的认知技能和概念；为未来的婚姻和家庭做准备、表现负责任的行为，追求理想和抱负的阶段。总之，青春期以性生理成熟、性心理发展、性意识觉醒、社会需求增加为主要特征。

基于青春期的特征与健康概念之意涵，本文认为青春健康教育主要基于三个维度的教育：一是青春期性教育，基于青春期性意识觉醒、性心理发育前提下，采用多种形式与方法（包括传统学校教育、家庭生命教育、同伴教育、社区教育）、多层次（青少年、家长与教师）、多维度（性生理、性心理与性道德）全面普及生理卫生保健知识、生殖健康教育、疾病防治知识等内容，确保青少年保持基本的身体健康，实现生命的长度教育。二是青春期精神健康，基于当前青少年精神、心理发展面临的困惑与矛盾，普及青少年心理健康与精神健康服务，内容包括了解自身精神状况、常见精神疾病症状与防治知识、人际交往技巧与方法等知识与内容，培养健全的人格，实践健康的心理维度，确保生活或生存的质量，实现生命的宽度教育。

---

① 刘芳，高万红，杨月明，莫佳妮．社会工作促进流动妇女健康与发展的实践研究［J］．社会工作（学术），2011（10）：33—36.

三是青春期的社会教育，基于健康的社会维度，培养具备社会责任，有担当、具备奉献的精神与品质的青少年，主要内容涉及社会公德教育与公民教育，最终实现生命的高度。青春健康教育是融性健康教育、生命教育、艾滋病防治教育为一体的教育模式与体系。

（二）同伴教育

同伴教育（Peer Education）指的是具有相同背景、共同经历，或有共同语言的人们在一起分享信息、观念和行为技能，实现预期教育目标的教育形式和过程。① 它主要采用小组讨论、游戏、角色扮演等参与性和互动性较强的方式进行培训，参与的人主要是年龄相仿、知识背景和兴趣爱好相近的同伴或朋友。同伴教育通常首先对有影响力和号召力的青少年（同伴教育者）进行有目的的培训，使其掌握一定的知识和技巧，然后再由他们向周围的青少年传播知识和技能，甚至向更广泛的范围传播，以达到教育的目的。同伴教育的培训侧重对态度的讨论和技能的培训，而不是知识的传授。在大学生艾滋病防治教育中，同伴教育就是利用青少年的趋众倾向，对青少年进行教育。

M 校青春健康教育采用同伴教育模式，其特点是在坚持尊重、平等、参与等原则下，开展形式多样、增强青少年交流与互动的团体活动和社会实践活动，促进青少年青春健康知识的传播，并在彼此互动讨论中，达至态度改变和行为改变的目的。如通过灵活轻松的游戏和自由深入讨论能使同学们坦然面对来自爱情、性、生命和成长中的各种挑战，在性和生殖健康方面做出安全的、负责任的决定，并向其他同龄人传播所学知识，实现“互助助人”。

① 李凤珍．少数民族地区高校开展艾滋病健康教育的意义及途径［J］．河池学院学报，2011（5）：121—123.

四、项目实践过程与内容

（一）依托学校传统教育，推动大学生青春健康、性健康、艾滋病防治知识的普及与宣传

1. 开展青春健康系列全校性巡回讲座

为进一步加强大学生青春健康教育，促进大学生性生理及性心理的健康发展，M 校高校青春健康项目服务团队于 2015 年 11 月开展了全校性巡回讲座（见表 1），讲座的主题是“青春健康教育，爱要负起责任来”，讲座分为五个部分，主要为：性脱敏；男女生生殖差别，认识生殖器官；大学生生理卫生；大学生恋爱观以及避孕知识。讲座采用参与式培训方法，充分利用头脑风暴、角色扮演、情境表演、示范等技巧，向学生传递青春健康教育的知识、理念与自我保护的技巧。

表 1　2015 年青春健康教育系列全校性巡回讲座开展情况表

讲座人	学　院	时　间	地　点
吕红梅	人文学院	2015 年 11 月 4 日下午 4：30—6：30	教学楼 102 室
普艳杰	数信学院	2015 年 11 月 4 日晚上 7：00—9：00	教学楼 312 室
刘芳	国际学院	2015 年 11 月 4 日晚上 7：30—9：30	理学楼 B206 室
普艳杰	计科学院	2015 年 11 与 8 日晚上 7：30—9：30	理学楼 A111 室
郭一建	体育学院	2015 年 11 月 11 日下午 2：30—4：30	理学楼 A208 室
郭一建	管理工程学院	2015 年 11 月 13 日下午 2：30—4：30	理学楼 C231 室

续　表

讲座人	学　院	时　间	地　点
普艳杰	物电学院	2015年11月15日晚上8：00—10：00	理学楼B211室
刘芳	生环学院	2015年11月15日晚上7：30—9：30	理学楼C212室
刘芳	美术学院	2015年11月19日晚上7：30—9：30	美术学院逸夫楼216室
刘芳	政法学院	2015年11月21日晚上7：00—9：00	社会工作实验室

2. 开设全校性通识选修课程

项目指导老师（笔者之一）和青春同伴社指导教师郭一建老师分别开设校园通识选修课“大学生青春健康”与“大学生恋爱与性健康”。大学生青春健康课程强调对大学生进行科学、全面、系统的青春健康知识教育，旨在促进大学生学习和掌握性科学和性人文科学知识，提升大学生性生理和性心理健康的意识和技能，引导大学生树立以性道德为核心的恋爱观及性观念，帮助大学生学习人际交往技巧，特别是处理与异性的关系，培养学生正确的性态度、性取向，学习性传播疾病相关知识，预防艾滋病及性病，为获得高质量的生活，以及今后建立幸福家庭生活奠定基础。大学生恋爱与性健康这门课程，教学目标：从基础知识层面上，促使学生掌握性与性教育、性的生物学基础、性健康与性保健、性心理及性文化、性活动与性行为、性审美与性爱、性爱与婚姻家庭、性道德及性法律相关知识。从实践能力层面上，为大学生填补恋爱一课，促使大学生群体学习为进入婚姻做准备的“异性交往”“择偶必备”“爱情练习”“婚姻常识”等必备知识及技能；让大学生理解性爱的真相，促使大学生学会正确面对恋爱中的性冲击，并对大学生在择偶过程中提出建议，为大学生未来的婚姻幸福奠定知识基础。三年来选修这两门课程的人数达到800余人，课程获得学生的热烈欢迎和积极认可。

3. 青春健康教育融入学生日常管理

项目组联合M校学生处，每学期组织全校各班级统一开展“向生命致敬，为青春护航”“珍爱生命，预防艾滋”等主题的班会教育活动。在各班班主任的主持下，由班委宣讲“大学生青春健康知识”，为同学们介绍青春健康、艾滋病防治相关知识，并通过案例向同学们发出珍爱生命之警示，活动取得了强烈的反响。

4. 青春健康教育融入校园文化建设

M校青春健康教育项目组致力于将青春健康教育融入校园文化建设，先后在2015、2016、2017年开展三次青春健康校园文化节活动，活动的内容包括倡导类、创意类、策划类和同伴教育类活动，整个文化节活动由青春同伴社策划完成（见表2）。

表2　2015青春健康校园文化节活动实施表

活动时间	活动名称	活动地点	活动简述
2015.11.29	“健康青春我做主”主题班会	教学楼213教室	艾滋病主题日宣传、“健康青春我做主”主题演讲、“行动起来，共抗艾滋”宣誓仪式。增强青年人对艾滋病的认知能力，提升青年人自我保护与关爱的意识
2015.11.30	“爱在阳光下”青春健康主题展	M校学生会堂门口	主题展板宣传、《生命之舞》表演。推广高校青春健康项目，提高青年人对性与生殖健康的关注程度，普及青年人建立科学的性与生殖健康知识体系，提高青年人自我保护与关爱的能力

续 表

活动时间	活动名称	活动地点	活动简述
2015.12.01	“爱心呵护生命，行动抵御艾滋”大型广场宣传活动	曲靖市珠江源广场	广场宣传、《生命之舞》表演、发放红丝带、朗读倡议书、签字仪式。集中各方力量，开拓创新意识，进一步宣传普及防艾知识，号召全社会积极投身于艾滋病防治工作，力推全民参与、全力投入、全面预防
2015.12.02	“青春飞扬，精彩未来”青春同伴社主持人大赛	政法学院社会工作实验室	第二期主持人选拔、第一期主持人技巧与经验分享、指导教师总结。提升青春同伴社主持人的语言表达能力及逻辑思维能力，通过一期主持人与二期主持人的交流与分享，增强青春同伴社主持人推广项目与同伴教育的能力
2015.12.03	《在一起》主题观影会	教学楼213教室	观看影片《在一起》，分享观影感受、记录观影日志。了解当今中国艾滋病患者的生存情况及条件，宣传普及防艾知识，营造良好的校园气氛，推动青年志愿者积极投身于艾滋病防治的工作中，建立一批艾滋病防治工作的青年志愿者

续　表

活动时间	活动名称	活动地点	活动简述
2015. 12. 04	“向生命致敬，为青春护航”主题晚会	M校音乐学院音乐厅	“生命之舞”表演、情景剧、野火游戏、青春健康知识竞赛颁奖。宣传并推广青春健康项目，通过情景剧及野火游戏等同伴教育的方式，讲述与青春健康有关的故事，提高青年人对性与生殖健康的关注度，增强青年人自我保护与关爱的能力
2015. 12. 05	“跃动心声”青春健康校园行活动	M校学生宿舍、食堂、图书馆及南湖公园	通过青春同伴社成员夜行慢跑活动，积极宣传并推广青春健康项目，提高青春同伴社的认知度，提升青年人对性与生殖健康的关注度
2015. 12. 06	“我的美丽青春”分享会	政法学院社会工作实验室	主题讨论、分组讨论、代表汇报、总结分享。讲述与“青春健康”相关的故事、分享参与青春同伴社的经历、抒发参加青春健康项目的感受、畅谈“我的美丽青春”
2015. 12. 07	“青春健康”走进中学校园	曲靖市西城中学	通过青春同伴社的参与式活动，帮助中学生普及正确的性与生殖健康的科学知识，树立正确的性观念，提升同伴之间人际交往的能力

续 表

活动时间	活动名称	活动地点	活动简述
2015. 12. 08	“汇聚青春，共创未来”讨论会	政法学院教学楼四楼会议室	评估2015年工作成效、制订2016年工作计划、布置2016年工作任务。共同探讨2015年青春健康项目实施情况，交流并分享活动经验，制订2016年青春健康项目计划并布置2016年青春健康工作任务，最终撰写研究报告及论文

（二）主要依托专业社会工作教育，促进学生知识、价值、技巧与实务的整合，提高学生开展青春健康教育的能力

M校青春健康教育的持续推进，主要依托专业社会工作教育。第一，依托社会工作专业主干课程“小组工作”和“社区工作”，持续培育青春健康同伴教育骨干，主要做法是通过课程建设以及实践教学，针对社会工作专业学生以及同伴教育员，培训小组工作方法与技巧以及社区工作实施的策略与技巧；第二，依托社会工作专业技能测试，强化同伴教育方法与技能，主要是利用“小组工作技能测试”与“社区工作技能测试”，重点测试小组工作实务技能与社区工作实务技能，鼓励学生结合青春健康同伴教育、艾滋病防治教育，召开类似专题的小组工作以及社区宣传和倡导服务；第三，依托“青少年社会工作”课程实习，全面实践青春健康教育方法与理念。

（三）创新性开展学生同伴教育，发挥学生参与青春健康教育的主体性作用

通过组织同伴教育社团—培育同伴教育精英—推广同伴教育等工作，创新性地推广青春健康教育。

1. 社团建设与精英培育

本项目主要依托两大社团，即大学生社会工作协会以及青春同伴社来实现。大学生社会工作协会早在2013年年初就成立了，是M校社员最多的学生社团之一，它聚集着来自各个学院的志愿爱好者约130人，其中包含具备良好社会工作专业知识的大一至大三社会工作专业学生约60人，他们一直致力于青少年社会工作的实践与探索，自然成为本项目同伴教育精英以及志愿者的重要来源，社会工作学生则成为青春健康项目的实践主体。此外，基于项目的需要，于2015年3月，成立了以高校青春健康为主要服务目标和内容的“青春同伴社”。社团致力于探索建立青年性与生殖健康教育和服务模式，力图要把性别平等、尊重生命、保护青年人的性与生殖健康权利、消除歧视、促进社会公平等理念通过同伴教育的方式积极推广，为推进青春健康工作的科学化、规范化和可持续发展而努力奋斗。大学生社会工作协会与青春同伴社为项目的开展奠定了深厚的人力资源基础。

项目指导老师重点采用社会工作专业团体工作方法，以教育剧场形式对两大社团社员分批进行青春健康同伴教育培训，培训的内容包括：①教育剧场的内容、方法及技巧的培训，通过“warming - up”“海德公园”“刻度测量”“yes or no”等一连串暖身游戏，帮助学员重新认识自己的身体，发现并挖掘其可能性，不断提升学员性脱敏水平，通过“欲望彩虹”“社会舆论”“替身”“角色扮演”等技巧的训练，帮助学员根据自己的需求创设剧情，探讨特定主题并演练某些具体行为。②参与式培训内容、方法与技巧的培训，通过实例对参与式培训方法与技巧进行演练。

通过培训实现社团成员的能力提升，并通过“青春健康主持人大赛”，选拔同伴教育精英骨干。2015年项目选拔了30名同伴教育骨干。并先后组织5名同伴教育骨干参加了中国计生协同伴教育暑期夏令营以及云南省青春健康同伴教育培训，这批骨干的培养，为后期项目的持续推进奠定了重要基础。

社团在骨干精英的带领下，探索社团干预高校青春健康教育的实践与模式，通过社团志愿者招募与培育、社团活动的策划与开展将青春健康教育与专业社团、品牌社团的打造有机集合起来。在随后的社会实践、社区宣传、同伴教育等实践活动中，社团发挥着至关重要的作用。

2. 同伴教育的实践

同伴教育精英在本校开展“青春健康同伴教育小组”的项目实践活动，项目指导老师组织同伴教育精英，三人为一组并配备两名志愿者，小组主题涉及大学生人际交往、大学生的性健康、大学生恋爱、艾滋病防治、性骚扰与性犯罪的预防等主题。

（四）充分利用社会实践教育，宣传青少年青春健康教育，营造有利于青少年成长的社会环境

一方面，项目组组织青春健康暑期三下乡团队，先后在会泽金钟镇翠屏社区、西双版纳等地开展“禁毒防艾”主题宣传和教育，帮助社区居民普及禁毒防艾科学知识，树立正确的性健康观念，提升自我保护与关爱的意识。

另一方面，每年的世界禁毒日、世界避孕日、世界艾滋病宣传日等纪念日，青春同伴社定期开展大型的社区宣传活动，先后在曲靖市学苑社区、曲靖市珠江源广场、曲靖市火车站、曲靖市南城门广场、M 校食堂广场等地点，开展青春健康、艾滋病防治等宣传活动。

此外，利用 M 校暑期社会见习机会，组织安排学生开展以青少年性与生殖健康、艾滋病防治等主题的见习和社会调查活动，撰写《暑期社会实践报告》。

五、项目成效与特色

(一) 初步形成了学校传统教育、学生同伴教育、专业社会工作教育以及社会实践教育相结合的四位一体高校青春健康教育模式

经过多年来的性健康教育实践，M 校逐渐形成了以学校传统教育、学生同伴教育和专业社会工作教育以及社会实践教育相结合的四位一体高校学生青春健康教育模式（如图 1），帮助青少年建立了青春健康、性与生殖健康、艾滋病防治多元一体的科学知识体系，增强了青少年自我关爱与保护以及抵御风险增强防范的意识与能力。

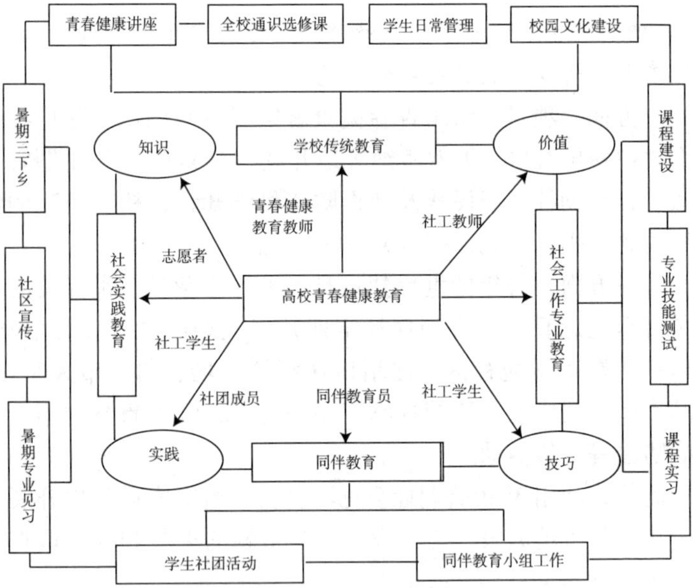

图 1　M 校四位一体高校青春健康教育模式

（二）实现了大学生青春健康教育知识、价值、技巧与实践维度的有机结合

学校传统教育重在对青春健康知识的宣传与普及；社会工作专业教育重在对学生专业价值观的塑造与养成，以及专业方法与技巧的熟练运用；同伴教育则通过参与式培训促进学生自我保护和疾病防治能力与技巧的提升；社会实践教育通过学生参与社会实践活动，丰富学生社会阅历，营造有利于青少年健康发展与成长成才的外部环境。总之四位一体青春健康教育模式，促进了青春健康教育知识与理论，社会工作专业价值、方法、技巧以及专业实践与社会实践层面的整合。

（三）实现了学生、教师以及学生社团等层面的增能

通过M校青春健康教育实践，促进了青春健康教育同伴教育员、社会工作专业学生、教师以及大学生社会工作协会以及青春同伴社等主体不同层次的能力提升，师生提升了自身青春健康教育知识与技能，社团培育了骨干成员与精英，通过社团活动增强了社团的凝聚力以及在学生中的影响力。这些主体的能力提升，也成为青春健康教育模式推广的持续动力。

（四）实现了大学生性健康教育、青春健康教育、生命教育和艾滋病防治教育的结合

M校青春健康教育中，有效依托学校传统教育、学生同伴教育、专业社会工作教育以及社会实践教育，内容涵盖大学生性健康教育、青春健康教育、生命教育以及艾滋病防治教育等内容，有效地促进了四大教育的结合。

六、反思与对策

（一）具备广泛群众基础的学校传统教学在推动青春健康教育中面临的能力陷阱

学校传统教育是有效回应青少年性与生殖健康教育的多元需求的重要途径。第一，M校具备青少年性与生殖健康教育经验的师资以及能独立承担课程教学的师资非常匮乏，成为推广

青春健康教育的瓶颈。第二，通识选修课程开设存在非持续性。跟学校教学计划、教师课时安排以及教师个人上课动机等原因相关联，无法保障每学期如期开课。第三，学生日常管理工作者——班主任群体，在接受和普及青春健康教育知识方面呈现的能力困境，据调查，91%的班主任认为对学生开展青春健康教育非常重要，但依然有54%的班主任认为向学生讲解“性健康知识”是难以启齿的，81%的班主任认为自己不具备对学生开展青春健康教育的能力。概括一句话，心有余而力不足。

故加强青春健康教育师资的引进、培育，建立激励机制，鼓励教师开设青春健康教育相关主题与内容的校级通选课程、开展青春健康主题讲座等，满足学生青春健康教育的需要，加强对学生日常管理者班主任群体青春健康教育的培训与指导，是有效应对学校传统教育能力陷阱的重要途径。

（二）在社会工作专业教育的指引下学生同伴教育专业性有待提升

多年来，在社会工作专业教育的指引下，通过课程建设、专业技能测试、课程实习与实践教学等形式，对社会工作专业学生、大学生社会工作协会以及以社工学生为主体的青春同伴社进行社团建设与个人赋权，有效地保持了项目的持续推进，然而处于学习阶段的社会工作专业学生，并不具备独立的成熟的社会工作实践经验，即使在受训后，依然呈现出专业性参差不齐，无法保障同伴教育的质量。此外对同伴教育进行指导的社会工作专业教师，在专业能力上的不对称，也是导致学生专业性不足的重要原因。

因此，学生同伴教育的持续性和有效性，有赖于专业社会工作教育的提升。社会工作专业教育的推进，又有赖于专业社会工作师资的培养和引进，以及专业社会工作教育教学和实践的推进，形成有层次有梯度、互补互进的专业教育和同伴教育联动机制是应对此困局的重要路径。

（三）以充分利用社会资本提升学生实践能力为要旨的社会实践教育在资源整合上呈现乏力状态

M 校青春健康实践模式中，社会实践教育成为学生践行青春健康理念、实践同伴教育技巧的重要渠道。当前 M 校社会工作专业学生在社会实践层面遇到的困境：一是社会实践基地较为匮乏，无法满足学生社会实践的需要。二是社会实践资源分散、信息不对称，多数学生难以根据自身的需要和特长去选择有效的社会实践活动，提升实践能力，如大量的单位和机构；同时向社工学生发出实践的邀请，如智障机构、老年服务机构、儿童之家等，每逢遇上重要节日或者应对当地有关部门检查，就电话邀请学生前去开展志愿服务活动或者专业服务活动，鉴于这些机构一直以来和学生社团保持合作，此时学生通常不会拒绝，最后是走马观花、充当劳动力资源或者充场面，无法发挥学生社会实践层面的专业性。三是社会实践为学生提供的安全保障以及技术支持不足，无法帮助学生搭建有效的社会支持网络增加社会资本，更甚者增加了学生的逆反心理与无助受挫感，进一步导致整个社会实践教育的空洞和无效率。

因此，应对如上问题，一方面要加强社会实践基地建设，不断整合社会实践教育资源，形成资源合力，开展长期化日常化的合作，发挥实践基地在培养学生能力方面的作用；另一方面，要加强对学生参与社会实践的专业指导和技术支持，完善专业督导体系，建立学生参与社会实践的安全保障机制，使学生能结合专业特长和个人兴趣，开展对口、高质、高效的社会实践活动。

【参考文献】

［1］世界卫生组织．世界卫生组织艾滋病毒和艾滋病实况报道．http：//www. syjkjy. org. cn/newsview－988. aspx，2017－05－14.

［2］世界卫生组织．世卫组织在国际艾滋病大会上提请注

意全球艾滋病毒应对工作面临的主要挑战 . http: //www. who. int/mediacentre/news/notes/2016/international - aids - conference/zh/, 2014.

[3] McManus A. , Dhar L. Study of knowledge, perception and attitude of adolescent girls towards STIs/HIV, safer sex and sex education: a cross sectional survey of urban adolescent school girls in South Delhi, India. BMC Women Health, 2008 (8): 12.

[4] Iriyama S. , Nakahara S. , Jimba M. , Ichikawa M. , Wakai S. AIDS health beliefs and intention for sexual abstinence among male adolescent students in Kathmandu, Nepal: a test of perceived severity and susceptibility. Public Health, 2007, 121 (1): 64—72.

[5] 京华时报 . 青年学生成艾滋病感染高发人群 最小感染者只有 14 岁 . http: //news. sohu. com/20141130/n406507213. shtml, 2017 - 04 - 15.

[6] 全景网综合媒体 . 湖南高校 106 名学生染艾滋 同性传播的形势也很严峻 . http: //www. p5w. net/money/xfsh/201704/t20170424_ 1770344. htm, 2017 - 07 - 09.

[7] 华商报 . 60 岁以上老人 20 岁以下青少年艾滋病感染者呈增加趋势 . http: //news. ifeng. com/a/20161202/50351358_0. shtml, 2017 - 04 - 30.

[8] 中国青年报 . 重灾区: 65% 的学生在大学期间感染艾滋病 . http: //cq. qq. com/a/20161205/008720. htm, 2017 - 04 - 25.

[9] 刘芳, 高万红, 杨月明, 莫佳妮 . 社会工作促进流动妇女健康与发展的实践研究 [J]. 社会工作 (学术), 2011, (10): 33—36.

[10] 李凤珍 . 少数民族地区高校开展艾滋病健康教育的意义及途径 [J]. 河池学院学报, 2011 (5): 121—123.

青少年性健康教育现状与社会工作干预*

摘　要： 采用问卷调查与访谈法对M市青少年性健康教育的现状进行调查，结果显示青少年性健康知识较缺乏，存在知识偏差与误区等，基于青少年性健康教育的现状提出了社会工作的实践与干预路径。

关键词： 青少年；性教育；社会工作；健康教育

一、研究缘起

自20世纪80年代首例艾滋病在美国报道以来，全球已接近4000万人死于艾滋病，亦有超过3600万HIV携带者带病生存，艾滋病因流行迅速、死亡率高一度成为威胁人类健康与发展的重大性公共问题。性传播、血液传播、母婴传播成为艾滋病传播的三大途径，其中近年来性传播在艾滋病传播中占据主流，然而伴随世界范围内青少年风险性、无计划性以及无保护

* 基金项目：1. 曲靖师范学院教学成果奖培育项目“科研 + 教学 + 人才培养”三轴驱动下高校青春健康教育模式探究（项目编号：JPCGPY201810）；2. 全国青年教师教育教学研究课题：“新时代大学生青春健康教育体系的构建研究”（项目编号：2018QNJ056）；3. 全国高等教育教学改革研究重点课题：“健康中国战略背景下高校青春健康教育体系的构建研究”（项目编号：2018HER01017）；4. 曲靖师范学院校级优质课程“社区工作”阶段性研究成果（项目编号 YZKC2016005）；5. 中央财政支持地方高校建设专项项目：“西南边疆少数民族地区社会治理研究创新团队”。

性婚前性行为的增加，青少年群体已成为世界上 HIV 感染的最脆弱的群体。①

处于青春期的青少年群体，生理发展的成熟并没有伴随心理发展的成熟，身心发展不平衡的青少年群体在面对生理发展、性意识觉醒、自我认同等问题之时，呈现出诸多困惑，青春期一度用“暴风骤雨期”“多事之秋”“最危险的时期”等语言来形容。长期以来我国学校、家庭在青少年性健康教育上的缺失，一方面形成了全社会谈性色变的羞涩心理，另一方面更为性健康教育蒙上了一层朦胧的面纱，然而青少年正面临着来自生殖健康、性健康、疾病防治与自我保护等层面的困惑与需求。

青少年性与生殖健康、艾滋病防治、青少年生命教育、青少年婚恋观等层面的议题也频繁出现在中共中央国务院《中长期青年发展规划（2016—2025）》等决策性文件之中。显然，加强对青少年性与生殖健康教育的调查与研究，建立合乎青少年身心发展以及中国本土文化与国情的性健康教育体系，探索积极有效的青少年性健康教育方法途径以及模式，不仅事关艾滋病防治工作的成败，也关乎青少年身心健康与发展，更关乎国家青少年事业的顺利进行、健康中国战略的推进以及美好生活图景的实现。

二、研究方法与资料来源

本研究主要采用问卷调查法与访谈法，对被调查者开展问卷调查与访问。一方面，采用随机抽样的方法对曲靖市 M 中学学生展开了问卷调查，共发放学生问卷 810 份，收回有效问卷 780 份，问卷回收率为 96.3%，被调查者年龄集中在 12—16 岁，参与调查者平均年龄 13.4 岁，男女学生比率为 431∶349。另一方面，采用访谈法，选取 20 名学生家长、4 名班主任老师

① 刘芳，柯文艳．社会工作视角下“四位一体”高校青春健康教育模式的实践与反思［J］．红河学院学报，2018，16（3）：125—129.

和若干名学生作为访谈对象，对家庭、学校以及青少年性教育的状况开展了深度访谈，获得了第一手资料。

三、青少年性健康教育的现状

（一）青少年性健康知识较缺乏，存在知识偏差与误区

问及男性与女性的生殖器官的名称，超过1/3的被调查者回答不出来，参与调查的431名女学生中，80%对月经周期、排卵期的计算一无所知，41.5%的女学生认为“安全期进行性生活不会怀孕”。利用《艾滋病知晓率国八条》对780名被调查者进行检测，发现知晓率（8道题目答对6道及其以上的视为知晓）不足六成，依然有45.6%的被调查者认为蚊虫叮咬会传染艾滋病。47.6%的被调查者对感染艾滋病毒的妇女能否生育健康孩子表示无从知晓。显然，被调查者群体对艾滋病的传播等知识依然还十分模糊，存在认知偏差与误区。问及是否发生过插入性性行为，居然有8.2%的被调查者表示有过性行为。问及“中学生发生性行为”的态度，约30.1%表示只要双方自愿就可接受；约30.7%的学生表示“能理解但不会身体力行”；10.7%的学生表示“赞成”；20.8%的学生表示不赞成；7.7%的学生则认为无所谓，可见中学生对中学生发生性行为的态度包容性非常强，也进一步反映出学生的性健康意识淡薄。

（二）性知识来源渠道单一，性教育方式宜采用灵活化、多元化的形式进行

学者陈运遂等的研究指出，53.4%的初中生从书本和同学处获得性知识，32.9%的初中生从家长和老师那获得性知识，①宋桂云等人亦指出青少年性知识的来源依次是学校、医学书籍、

① 陈运遂，史先锋．中学生性教育中家庭与学校施教现状及改善对策［J］．内江师范学院学报，2007（3）：123—126.

报纸杂志。[①] 调查发现，性教育专题讲座以及性健康教育网站是受大多数青少年青睐的方式，分别占 10.63% 和 9.18%，选择个别咨询服务的则占 7.25%，选择科普读物及宣传材料学习性知识的各有 3.86%，以上五大性知识学习培训路径总和约达 35%，65% 的学生认为综合性、多元化的培训方式，是性健康教育的重要策略，学生群体尤其对互联网为媒介的宣传教育和培训方式感兴趣，认为这种方式便捷、灵活而且符合当前大家的学习习惯。这也为当前青少年性健康教育方式的选择提供了启发，选择合适的多元化的性健康教育模式成为适应新形势新变化的必然要求。

（三）性健康教育内容必须是注重性道德、性生理以及综合性知识的教育

性教育是基于性生理、性心理与性道德的三个维度的教育，性道德教育是性教育的重要组成部分，事关两性关系与性生活规范以及行为准则的教化与规训，致力于青少年正确的性道德观念的塑造，从而避免性犯罪以及遭遇性伦理争议。有学者甚至认为青少年健康的性道德在降低性犯罪，减少未成年少女怀孕以及未婚先孕等方面有着积极的功能。[②] 当下我国社会生活中低俗化、庸俗化、不道德性行为依然存在，第三者、包二奶、婚外情这些刺眼的词语充斥在人们周围，加强青春期性道德教育势在必行。调查结果显示，26% 的调查者最希望获得“性道德教育”方面相关的知识，20% 的青少年最希望获得“性生理知识”，主要包括避孕、性传播疾病预防、性卫生等，18% 的青少年最希望获得“性心理知识”，关于“性法制知识”的需求非常低，不到 6%；25% 的青少年希望获得两种或多种性知识的教育（如图 1 所示）。

---

① 宋桂云，程然，赵林，毛从云，张永春，马西萍，王常青. 青少年性心理及性知识的现况调查分析［J］. 医学与哲学，2002（12）：55—57.

② 陈晶琦，叶广俊. 青春期性健康教育现状及展望［J］. 性学，1996（2）：30—34.

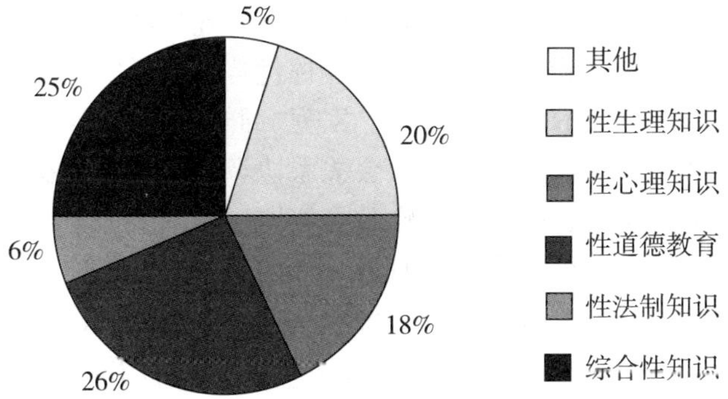

图1　青少年性健康教育内容需求结构

（四）家长和教师是青少年性健康教育的重要主体，但多元主体的组成应当包括社区组织与同伴群体，青少年性健康教育的途径应实现泛化与多元化

问及青少年性健康教育的主体，80.3%的被调查者表示学校当之无愧，76.5%的被调查者认为父母应该是性教育的承担者，43.6%的学生认为同伴也是青少年性健康教育的重要力量。显然，家长和教师依然是青少年性健康教育主体的核心力量。17.2%的学生表示自己的父母会面对面向自己传递性知识，58.3%的学生表示自己的父母会通过购买性健康教育读本和书籍给自己学习，20.2%的学生表示父母会间接向自己传递性教育知识，如利用电视媒体中的案例进行旁敲侧击，依然有4.3%的学生表示父母从来不向自己谈论性方面的话题。此外，在访谈中也了解到，在教育途径上，性健康教育途径较为单一，主要以学校课堂教育为主，而应与之相配合的家庭性健康教育、同伴式性健康教育引导，以及科学利用传媒进行性健康知识传播等方面都存在薄弱环节。

四、社会工作介入青少年性健康教育的实践对策与路径

社会工作作为西方舶来品，其发展至今历经一个世纪有余，其遵循以人为本、助人自助、倡导社会公平与正义等价值理念

使其在服务于人的工作与职业中凸显其专业属性。社会工作专业主张用专业知识方法与技巧，发挥优势视角，实现资源的链接与整合，帮助有需要的个体、家庭、群体、社区等解决自身问题，发展自身能力，促进社会关系协调，实现社会稳定。在社会工作专业价值指导下的性教育实践，是以人为本的性教育实践。社会工作介入性教育具有天然的优势，因服务于青少年的社会工作者熟悉青少年身心健康发展基本脉络，社会工作的理念价值恰恰迎合了青少年寻求自尊、自觉的需求，工作方式、方法灵活多样且注重参与互动与协作，能采用多样化服务方式与技巧，寓教于乐。本文从社会工作专业视角出发，试图从如下方面探索解除当前 M 市青少年性健康教育的困境。

（一）以专业社会工作方法，推动青少年性健康知识的普及，纠正偏差，实现增能

首先，社会工作者遵循青少年身心发展的基本规律，将社会工作方法、价值融入具体社会工作实务，通过鼓励青少年社会参与、培育青少年性健康同伴教育骨干、培育青少年性健康教育组织与社团等方式，赋权于青少年群体，激发青少年的潜能。其次，充分利用社会工作在预防青少年社会问题、促进青少年发展等层面的积极作用，通过开展文娱活动、兴趣小组活动等方式促进青少年学习健康知识、增强体质、陶冶情操，协助青少年树立正确的人生观，培育其社会责任感，预防青少年身心不健康问题；社会工作者通过提供国内外资讯，协助青少年关注世界发展态势，明确自身的任务与角色，促进青少年自我统一性的形成；社会工作者通过团体工作、社区工作等方式方法为青少年群体提供有关身心健康发展的知识与技能，促进青少年知识增长、人际关系改善、社会适应以及全面发展。最后，发挥社会工作专业资源链接与整合的作用，积极引进专业性健康教育专家学者定期对社区青少年以及家长开展性健康教育专题讲座、培训以及个别咨询服务，通过社区宣传与倡导，营造有利于青少年健康成长的社区环境。

（二）以多元化教育培训与学习方式，满足青少年对性健康知识的渴求，充分利用“互联网+”模式，探索青少年性健康教育的方式方法

伴随现代科学技术的持续推进以及互联网的全面普及，传统的面对面的说教方式、学校家庭教育方式在适应现代社会变迁以及青少年群体需求方面变得力不从心，改革传统性健康教育模式，探索多元化教育培训、学习互动模式，在满足青少年性健康知识渴求层面变得十分必要。青少年性健康教育应该充分利用“互联网+”模式来加以应用与推广，改变传统的直接互动方式、传统的空间互动概念，探究非面对面的、虚拟空间化的青少年性健康教育模式。一方面，充分利用网络的高科技优势，整合优质家庭教育资源，通过合适途径最大范围传递准确的性健康知识；另一方面，结合青少年以及现代传媒的特点，通过精心策划组织专题活动、短视频、实务案例、心灵鸡汤等方式，充分利用QQ、微信、微博、抖音等多元化交流平台，满足青少年性教育需求，为其排忧解难，相关部门对此应做好监管工作。

（三）将社会工作价值观融入青少年性健康服务中，引导青少年树立正确的性道德观念

将社会工作助人自助、以人为本、强调人的尊严与价值的价值观融入青少年性健康教育服务中，积极倾听青少年的心声，从青少年成长与发展的视角，关注其性生理健康、性心理成熟以及性道德观的养成教育。社会工作者可以将社会工作专业方法融入青少年家庭教育、学校性教育以及社区教育之中。首先，通过对青少年家长开展青少年性教育关怀与辅导服务，协助父母学习必要的性健康教育知识与技巧，以便对自己的子女提供引导和支持。其次，社会工作者通过积极融入学校性教育团队，充分利用学校教育阵地，开设专门的性健康教育课程，使学生能掌握科学的性知识，树立正确的性观念，养成良好的性道德。最后，社会工作者可以通过社区教育以及社会倡导等形式，督

促报纸、杂志、书籍以及网络等宣传媒体规范管理，营造有利于青少年身心健康发展的良好社会氛围。

（四）实现家庭—学校—社区多元主体的整合，完善青少年性教育社会治理体系

按照福利多元主义脉络，发展家庭、学校、社区等多元主体共同承担青少年性健康服务，促进青少年新型福利供给模式，弥补单纯学校性教育的缺陷，使其向家庭、社区等层面延伸，构筑学校、家庭、社区多元一体的性健康教育网络架构，实现优势互补、相互渗透、资源整合，致力于青少年性教育质量与效果的提升。首先，发挥学校教育的主导性作用，充分利用教师资源与学校教育优势，充分整合课堂教学、课外实践教育平台，有效利用各类性健康教育载体，普及青少年性健康知识，促进青少年性卫生习惯的养成，引导学生树立良好的性健康意识、性道德观念。其次，发挥家庭教育的补充作用，积极支持、引导家长学习青少年性健康教育知识与技能，帮助青少年处理因青春期发育等引起的生理以及心理问题，给予积极关怀，营造良好的家庭环境。最后，发挥社区教育的依托功能，通过开展社区宣传教育、整合社区资源为青少年提供性健康指导与咨询服务，进行社会倡导，营造有利于青少年成长与发展的良好社会氛围。总之，创建以学校教育为主导，家庭教育为补充，社区教育为依托的青少年性教育体系，充分挖掘学校的潜力和优势，实行学校、家庭、社区优势互补、资源共享、群策群力，走上一条“学校+家庭+社区”三位一体发展道路，构筑一张青少年社会保护网。

【参考文献】

［1］刘芳，柯文艳．社会工作视角下“四位一体”高校青春健康教育模式的实践与反思［J］．红河学院学报，2018，16(3)：125—129.

［2］陈运遂，史先锋．中学生性教育中家庭与学校施教现

状及改善对策［J］. 内江师范学院学报，2007（3）：123—126.

［3］宋桂云，程然，赵林，毛从云，张永春，马西萍，王常青. 青少年性心理及性知识的现况调查分析［J］. 医学与哲学，2002（12）：55—57.

［4］陈晶琦，叶广俊. 青春期性健康教育现状及展望［J］. 性学，1996（2）：30—34.

后　记

笔者多年来关注青少年健康与发展，致力于从社会工作视角探究提升青少年健康与发展的重要策略与路径。由于研究能力十分有限，深感本书仍有进一步打磨提升的空间。但比较欣慰的一点是笔者认为本书的写作是基于曲靖师范学院高校青春健康项目的实践，是经过实践和总结凝练而成的成果，且不说书的研究价值和理论价值有多少，至少此书将成为高校青春健康教育培训和学习的重要参考书籍。

本书得以出版，首先要感谢中央财政支持地方项目的支持，没有资金也就不可能有这本书的公开出版。其次要感谢曲靖师范学院高校青春健康项目团队，尤其是王洪老师、梁海艳老师、吕红梅老师、普艳杰老师、孙光玲老师、李贵文老师等，没有大家的共同支持和相互协作也就不可能有项目的实践、经验的总结与成果的汇集。再次要感谢的是，在培训设计篇部分，参与项目的笔者的学生们，你们经老师指导而完成的服务方案与设计样本，成为本书服务设计和指导的重要样板，在此，对你们的努力学习和辛勤付出表示衷心的感谢。再其次要感谢相关合作单位的支持，特别是中国计划生育协会、云南省计划生育协会以及曲靖市计划生育协会，没有你们多年来的支持和信任，我们也不可能在高校大学生青春健康服务中走那么远。最后要感谢参与高校青春健康项目的青少年学生群体，没有你们的参与和支持，也就没有项目的持续推动。

刘　芳

2019 年 2 月 24 日于天水嘉园